# SWITCH MANTRA

# स्विच मंत्र

AF121846

VIVEK SHARMA • RAJNI MAHAJAN • HETAL PANDYA

BlueRose ONE.com
Stories Matter
NewDelhi • London

**BLUEROSE PUBLISHERS**
India | U.K.

Copyright © Vivek Sharma & Rajni Mahajan & Hetal Pandya 2023

All rights reserved by author. No part of this publication may be reproduced, stored in a retrieval system or transmitted in any form or by any means, electronic, mechanical, photocopying, recording or otherwise, without the prior permission of the author. Although every precaution has been taken to verify the accuracy of the information contained herein, the publisher assumes no responsibility for any errors or omissions. No liability is assumed for damages that may result from the use of information contained within.

BlueRose Publishers takes no responsibility for any damages, losses, or liabilities that may arise from the use or misuse of the information, products, or services provided in this publication.

For permissions requests or inquiries regarding this publication,
please contact:

BLUEROSE PUBLISHERS
www.BlueRoseONE.com
info@bluerosepublishers.com
+91 8882 898 898
+4407342408967

ISBN: 978-93-5668-121-7

Cover Design: Samridh Mahajan
Typesetting: Pooja Sharma

First Edition: October 2023

# Acknowledgment

We bow down to Lord Ganesha, it's due to His blessings we can use intellect and discriminate between reality and nonreality.

We bow down to Lord Shiva, who always guides us the path that helps us to decode the hidden treasures of ancient wisdom.

We bow down to Maa Durga to bless us with this Divinity and make us the medium for this divine and the powerful modality.

We bow down to Mahasaraswati, who is the Goddess of knowledge and speech, and by Her blessings only we have explored this knowledge.

We bow down to Goddess MahaKali, it's due to Her grace that we follow this path.

We bow down to Lord Vishnu and Goddess Mahalaxmi by the virtue of whom we are blessed with these divine energies.

We bow down to Lord Agni Dev who has enabled us to access the sacred knowledge of mantra.

We bow down to all the Divine Masters in physical and ethereal forms who have guided us directly or indirectly.

We bow down to all the Siddhas of Shambhalla, who have guided us to seek the true soul path.

We are immensely grateful to everyone who have chosen to be part of this journey

"Unlock the power of sound vibrations to transform your life with "Switch Mantra". The power of manifestation is within you. All you need to do is switch on the right mantra."

# About Mahashakti Radiance

Mahashakti Radiance is an initiative to help, nurture and inspire you! This spiritual platform was founded by Vivek Sharma, Rajni Mahajan and Hetal Pandya.

Mahashakti Radiance aims in uplifting and transforming mankind by teaching them tools and techniques based on ancient wisdom in modern practical ways.

Our mission is blending science and spirituality together by constantly exploring, inventing tools & techniques for inspiring and optimising the human race for living truly extraordinary and fulfilling lives.

We have created this platform to aid every single human being by offering various complementary and paid services that have radically transformed lives.

We also offer a comprehensive collection of online and live workshops for both material and spiritual benefits backed through scientific tools and techniques.

We also offer very profound knowledge through blogs on various genres

# About the Authors

- **Master Vivek Sharma**

Spiritually inclined since a very young age and with a strong desire to serve humanity, he has been into spiritual practices for the past 20 years. A divine soul and a compassionate person, he is always ready to help everyone. He is Reiki Grand master Higher Band 18, Multi Modality Practitioner, Auto Writing Practitioner, Karuna Reiki Master, Lama Fera Master Teacher, Vedic Astrologer, Energy Vastu Specialist, Tarot Reader, In Mediumship and Channeling Practice, Akashic Intelligence Access Master, Founder of Matrika Naad Sadhna; Creator and founder of Mantra Energy Vortex (MEV) and Creator & Founder of Healing with Infinity Code.

- **Mrs Rajni Mahajan**

Practicing spirituality and healing for the past 22 years. Her compassion and love to help everyone around her and spread happiness and peace has got her here. She is Usui Reiki Grandmaster, Karuna and Kundalini Reiki Master, Auto Writing Practitioner, Lama Fera Master Teacher, Sujok Therapy Practitioner, Humkara with Haleem Master and a Tarot Reader. Co-founder of Matrika Naad Sadhna; Creator and founder of Mantra Energy Vortex (MEV).

- **Ms Hetal Pandya**

Commenced spiritual practices by Divine will. She is Soul Record/Akashic Reader, Intuitive Reader in Mediumship and Channeling, Usui Reiki Master, Access Bars Practitioner, Sacred Awakening in Divine Feminity, Lama Fera

Master Teacher, Humkara with Haleem Master, DLA Master, NLP practitioner, Sound Healer, Multi-modality healer, Shalvik Mantra Rahasya Master, Co-founder of Matrika Naad Sadhna, Creator & founder of Mantra Energy Vortex.

# Introduction

This book is the result of extensive research, hands-on experience, applied knowledge and the affection and blessings of millions of people linked to Mahashakti Radiance.

"Switch Mantra" is a practical and easy-to-use guide to ancient mantra and its applied uses. By exploring the different types of mantra and providing step-by-step instructions on how to practice them, this book aims to empower readers to unlock the power of sound vibrations and use them for their benefit.

Whether you are looking to improve your health, attract abundance, or deepen your spiritual practice, the mantra in this book can help you achieve your goals. From chanting mantras for specific chakras to using them to overcome fear and anxiety, the possibilities for mantra practice are endless.

One of the unique features of this book is its bilingual format, with both Hindi and English translations of the mantras. This allows readers from diverse backgrounds to access and benefit from the knowledge presented in this book. The practical tips and guidance offered throughout the book make it accessible to anyone, regardless of their level of experience with mantra practice.

Ultimately, the power of mantra lies in its ability to connect us to the universal consciousness and align us with our highest potential. With regular practice and dedication, the mantra in this book can help you unlock the infinite possibilities within yourself and transform your life in profound ways.

We hope that "Switch Mantra" will serve as a valuable resource for anyone seeking to harness the power of Vedic mantra and experience the many benefits it has to offer.

We are all familiar with the power of words. If we constantly apply the power of the sound of words in our daily activities, we can transform our lives as we want. Because no matter what goes on in our inner universe, the same results we get in the outer universe.

Mantra is that special collection of words, the sound of which has a special power. Switch mantras are those mantras, by regular chanting of which we can energize our inner universe; By which there is nothing in the outer universe that we cannot attain.

This book presents the practical aspect of the ancient vedic mantra. Based on in-depth research, Mahashakti Radiance has continued to lead various workshops based on spirituality, healing and the Sadhana mantra for many years. Through these various means, we have shared numerous mantras, from which millions of people have benefited. Out of these mantras, we took some mantras, which can be easily chanted by the general public, and by combining those mantras, we took the Switch Mantra Series workshop. Many participants have benefited from it. We have tried to decorate those divine mantras in this book, so that more and more people can take advantage of it and transform their lives.

We have made practical studies and experiences about all the mantras given in this book. People have shared their divine experiences with us and we trust that this book will also transform your life.

By connecting with Mahashakti Radiance, you can make a transformation physically, mentally, intellectually and spiritually.

# How to Use This Book?

We have collected mantras related to most of the issues of life in this book. You can achieve your goal and fulfill your desires by using the switch mantras given in this book anytime, under any circumstances.

- Whatever problem you have in your life, or any goal, choose any one mantra related to that. Chant it regularly. Let the sound of that mantra descend on your heart.
- Mental chanting is considered best. You can chant this mantra any time of the day, at any time.
- The number is not important; The main purpose is to transmit the energy of the mantra to the subconscious mind. As that energy begins to connect with the power of the subconscious mind, you will find that transformation begins to take place in your life. As the words of that mantra sink deep into your heart, you will see that success will kiss your feet.

Millions of people associated with Mahashakti Radiance have been benefited by using these mantras. That's why we are compiling these mantras in this book and sending them to you; So that all of you can also decide the direction of your life by using them to fulfill your objectives

## *परिचय*

यह पुस्तक महाशक्ति रेडियंस द्वारा की गई गहन रिसर्च, प्रैक्टिकल प्रयोग, अप्लाइड नॉलेज और लाखों लोगों के स्नेह व आशीर्वाद का परिणाम है।

यह पुस्तक "स्विच मंत्र" प्राचीन मंत्रों और उनके नित्य जीवन में उपयोग के विषय में जानकारी देने हेतु एक व्यावहारिक और सरल मार्गदर्शिका है। विभिन्न प्रकार के मंत्रों के विषय में जानकारी उपलब्ध कराने और उनका अभ्यास करने के बारे में चरण-दर-चरण निर्देश प्रदान करने के साथ इस पुस्तक का उद्देश्य पाठकों को ध्वनि कंपन की शक्ति को समझने और इसे अपने हित के लिए उपयोग करने के लिए सशक्त बनाना है।

आप अपने स्वास्थ्य में सुधार करना चाहते हों, विपुलता को आकर्षित करना चाहते हैं, अपने संबंधों को और मधुर बनाना चाहते हों या अपनी साधना को गहन करना चाहते हों, इस पुस्तक में दिए गए स्विच मंत्र आपको अपने लक्ष्यों को प्राप्त करने में सहायता कर सकते हैं। विशिष्ट उद्देश्यों के लिए मंत्रों के जप से लेकर भय, क्रोध और चिंता को दूर करने के लिए उनका उपयोग करने तक, मंत्र अभ्यास की संभावनाएं अनंत हैं।

इस पुस्तक की अनूठी विशेषताओं में से एक है - इसका द्विभाषी प्रारूप, जिसमें मंत्रों के हिंदी और अंग्रेजी दोनों अनुवाद है; जो इस पुस्तक में प्रस्तुत ज्ञान को विविध पृष्ठभूमि के पाठकों तक पहुँचाने और और उन्हें इससे लाभान्वित होने में विशेष रूप से सहायक होगा। मंत्र अभ्यास के साथ आपका अनुभव चाहे कम हो या अधिक, पुस्तक में दिए गए व्यावहारिक सुझाव और मार्गदर्शन, मंत्र जाप को हर किसी के लिए भी सुलभ बनाते हैं।

अंततः, मंत्र की शक्ति हमें सार्वभौमिक चेतना से जोड़ने और हमें अपनी उच्चतम क्षमता के साथ संरेखित करने की क्षमता में निहित है। नियमित अभ्यास और समर्पण के साथ, इस पुस्तक में दिए गए स्विच मंत्र आपको अपने भीतर की अनंत संभावनाओं को खोजने और अपने जीवन को विशिष्ट रूप में रूपांतरित करने में सहायक सिद्ध हो सकते हैं।

हम आशा करते हैं कि "स्विच मंत्र" प्राचीन मंत्रों की शक्ति का उपयोग करने और उनके अनंत लाभों को अनुभव करने के इच्छुक प्रत्येक व्यक्ति के लिए एक मूल्यवान संसाधन के रूप में काम करेंगे।

शब्दों की शक्ति से हम सभी परिचित हैं। शब्दों की ध्वनि की शक्ति को यदि हम अपने नित्य प्रति के जीवन की गतिविधियों में निरंतर अभ्यास में लायें, तो हम अपने जीवन को जैसा चाहें, वैसा रुपांतरित कर सकते हैं। क्योंकि जो हमारे अंतर ब्रह्मांड में होता है वही बाह्य ब्रह्माण्ड में फलीभूत होता है।

मंत्र शब्दों का वे विशेष संकलन होता है, जिसकी ध्वनि में विशिष्ट शक्ति निहित होती है। स्विच मंत्र वो मंत्र हैं, जिनके नियमित जाप से हम अपने अंतर ब्रह्मांड को ऊर्जावित कर सकते हैं; जिसके द्वारा बाह्य ब्रह्मांड की कोई ऐसी वस्तु नहीं जिसे हम प्राप्त न कर सकें।

यह पुस्तक भारतीय प्राचीन मंत्र विज्ञान के, व्यवहारिक पक्ष को उजागर करती है।

गहन शोध के आधार पर, महाशक्ति रेडियंस कई वर्षों से निरंतर अध्यात्म, हीलिंग और मंत्र साधना से जुड़ी अलग-अलग वर्कशॉप लेता रहा है। इन विभिन्न वर्कशॉप्स में हमने अनेक मंत्र शेयर किए हैं, जिनसे लाखो लोग लाभान्वित हुए हैं। इन मंत्रों में से हमने कुछ मंत्र, जिनका सर्वसाधारण सरल रूप से जाप कर सकते हैं, उन मंत्रों को ही मिलाकर हमने स्विच मंत्र सीरीज़ की वर्कशॉप ली थी। जिसका लाभ बहुत से प्रतिभागियों ने उठाया। उन्हीं दिव्य मंत्रों को हमने इस पुस्तक में सजोने का प्रयास किया है, ताकि इसका लाभ अधिक से अधिक लोग उठा पायें और अपने जीवन को रूपांतरित कर पायें।

इस पुस्तक में दिए गए हर मंत्र पर हमने प्रैक्टिकल स्टडी और प्रयोग किए हैं। लोगों ने अपने दिव्य अनुभव हमारे साथ शेयर किए हैं और हमें पूर्ण विश्वास है कि यह पुस्तक आपके जीवन को भी रूपांतरित करेंगी।

महाशक्ति रेडियंस से जुड़कर आप भौतिक, मानसिक, बौद्धिक और आध्यात्मिक स्तर पर रूपांतरण ला सकते हैं।

# इस किताब का उपयोग कैसे करें?

हमने इस किताब में जीवन की अधिकांश समस्याओ से संबंधित मन्त्रो का संग्रह किया है। इस पुस्तक में दिये गये स्विच मंत्रों को आप कभी भी, किन्हीं भी परिस्थितियों में प्रयोग कर अपने लक्ष्य को प्राप्त कर सकते हैं और अपनी इच्छाओं की पूर्ति कर सकते हैं।

• आप आपके जीवन मे कोई भी समस्या हो, या कोई भी एक लक्ष्य हो, उसी से संबंधित कोई भी एक मंत्र का चुनाव कर

उसका नियमित जाप करें। उस मंत्र की ध्वनि को अपने हृदय पर उतर जाने दे।

• मानसिक जाप सर्वोत्तम माना जाता है। आप दिन में कभी भी, किसी भी समय पर इस मंत्र का जाप कर सकते हैं।

• संख्या महत्वपूर्ण नहीं है; मुख्य उद्देश्य मंत्र की ऊर्जा को अवचेतन मन तक पहुंचाना है। जैसे-जैसे वो ऊर्जा अवचेतन मन की शक्ति से जुड़ने लगेगी, वैसे-वैसे आप पायेंगे कि आपके जीवन में रुपांतरण होना शुरू हो गया है। जैसे-जैसे उस मंत्र के शब्द आपके हृदय की गहराई में उतरेंगे आप देखेंगे कि सफलता आपके कदम चूमेगी।

इन मंत्रों का प्रयोग कर महाशक्ति रेडियंस से जुड़े लाखो लोग लाभान्वित हुये हैं। इसलिये हम ये मंत्र इस पुस्तक में संकलित कर आप तक पहुंचा रहे हैं; ताकि आप सब भी इनका प्रयोग कर अपने उद्देश्यों की पूर्ति करते हुये अपने जीवन की दिशा को निर्धारित कर पायें।

# What is Switch Mantra?

Switch Mantras are the magical mantras that help you to attune yourself to the divine vibrations and thus, enables you to positively influence everything around.

A switch mantra is a key to manifestation, a powerful combination of specific name-mantras, Beej mantras or one-word mantras, that trigger responses from the subconscious mind. The manner in which the electricity starts flowing by merely pressing the switch, similarly chanting these switch mantras, our mind switches into the higher consciousness helping us to manifest the life we desire.

Just like flipping a switch to turn on a light, chanting Switch Mantra ignites the power of manifestation within you, illuminating your path to success and abundance.

# Origin of Switch Mantras

This kind of mantras have been used since times immemorial for the purpose of solving and resolving the issues of day to day life and for healing various aspects of the physical, mental, emotional and spiritual body. They were also used as tools to achieve meditative states and to elevate the human consciousness towards unfolding its full potential. The "SWITCH MANTRAS" have been derived from our ancient scriptures, like Agni Puran, Atharv Ved, Rig ved & other Tantrik treaties, where we can find "Namatmak Mantrapadas" (one-word or two-word mantras), that can be used as very powerful manifesting tools. We can chant these "Laghu mantras'' without any kind of Deeksha(initiation) and chant them mentally at any time and simply listening or reciting these mantras has a very profound soothing, healing, manifesting and revitalising effect.

A few 'Laghu mantras', when combined together to create a "Switch Mantra" for a specific purpose; the particular energies and the power of many mantras clubbed into one switch mantra works wonders for manifesting instant results. In our "Switch Mantra Series", we will be revealing secrets of mantras for manifesting every aspect of human life.

Switch Mantra works as a Seed. When we chant Switch Mantra, a seed becomes planted deep in our consciousness. The more we chant, the more we find that potent seeds are being planted. As we progress on our path not only can we actually witness the seeds grow, but we can also reap the results.

# स्विचमन्त्र क्या हैं?

स्विचमन्त्र, वो जादुई मन्त्र हैं, जो हमारे किसी भी प्रयोजन (purpose) को पूर्ण करने में 'स्विच' के समान काम करते हैं | जिस प्रकार 'स्विच' को दबाते ही तुरंत विद्युत् (electricity) प्रवाहित होने लगती है, उसी प्रकार इन मन्त्रों का निरंतर जप हमारे अवचेतन मन की प्रतिक्रियाओं को जागृत कर उसे उच्च चेतना में ले जाता है, हमें ईश्वरीय चेतना के साथ जोड़ कर हमारी मनोकामना की तुंरत पूर्ति में सहायता करता है |

# स्विच मन्त्र कहाँ से लिये गये हैं ?

'अग्निपुराण', 'अथर्व वेद', 'ऋग्वेद' आदि हमारे प्राचीन ग्रन्थों में अनेक ऐसे लघुमन्त्रों का उल्लेख है, जिन्हें 'नामात्मक मन्त्रपद' कहा गया है और अनंत काल से जिनका प्रयोग मनोरथों की पूर्ति के लिये किया जाता रहा है | 'स्विचमन्त्र' ऐसे ही कुछ विशेष बीज-मन्त्रों व एकाक्षरी मन्त्रों को मिला कर बनाया गया वो प्रभावशाली मन्त्रसमूह है, जो जीवन के हर क्षेत्र में आने वाली समस्याओं को दूर करने, जीवन को सरल व सुन्दर बनाने और शरीर के विभिन्न रोगों के उपचार में त्वरित रूप से काम करता है |

इन मंत्रों का जाप बिना किसी मंत्र दीक्षा के किया जा सकता है और इन मंत्रों का मानसिक रूप से जाप हम कभी भी किसी भी समय पर कर सकते हैं। जितना अधिक हम इन स्विच मंत्रों का जाप करते हैं उतना ही हमारे अवचेतन मन को जागृत करते हैं और उतना शीघ्र ही हमारे जीवन को रूपांतरित करने में सहायता करते हैं।

# Contents

Switch Mantra for Protection and Clearance ............... 19

Switch Mantra for Financial Growth ............................... 36

Switch Mantra for Job Related Issues ........................... 48

Switch Mantra for Students .............................................. 59

Switch Mantra for Health .................................................. 72

Switch Mantra for Enhance Beauty ................................ 82

Switch Mantra for Conceiving ......................................... 90

Switch Mantra for Relationship ....................................... 93

Switch Mantra for Manisfestaion ................................... 104

Switch Mantra to get Back Lost Objects, People
or Property ......................................................................... 117

Switch Mantra for Happiness ......................................... 120

Switch Mantra for Navgrah Shanti ................................ 127

Switch Mantra for Overcome Inertia ............................. 131

Universal Switch Mantras ................................................ 134

Some Unique and Effective switch Mantras .............. 143

Parmatma Switch Mantra ............................................... 157

# SWITCH MANTRA FOR PROTECTION & CLEARANCE

"

TRANSFORM NEGATIVE ENERGY INTO POSITIVE WITH THE PROTECTIVE VIBRATIONS OF SWITCH MANTRAS AND CREATE A SHIELD OF POSITIVITY AROUND YOU.

# Switch Mantra I

This is a very powerful Switch mantra to create a very strong 'Protection-Shield'.

Switch Mantra -1 is :

**"Balāye Kawachāye Hoom "**

The meaning of 'Balāy' is – danger, adversity or trouble.

The meaning of 'Kawachāy ' is – shield or armor (protective covering made of metal used by the warriors).

In 'Hoom' - 'H' (ह) means 'Shiva' or 'sun' or 'fire' , 'U' (ऊ) means – 'Bhairav', 'Dot' means – removal of troubles. So, the meaning of this Beej is – "May Shiva or Bhairav remove all my sorrows & troubles."

Thus, the switch mantra **"Balāye Kawachāye Hoom"** creates a shield with the power of Lord Shiva, Lord Bhairav & Lord fire to protect us from danger and removes all our troubles and sorrows.

With this switch mantra, one aspires for complete protection and creates a protective energy shield for oneself. Chanting of this switch mantra instantly forms an invisible protection-shield in the auric field of a person, that protects him/her from all kinds of negative energies, dangers and adversities.

- This switch mantra can be chanted every morning to form a protection-shield in our aura.
- Before starting any new work or project; while going to some new city or new job OR in the state of fear, this switch mantra helps a lot.
- Chanting this switch mantra only for 5-7 times is enough to make it effective.

## ADVANCE USES OF SWITCH MANTRA-1

### Magical Knots Of Protection

These magical knots can provide protection from all kinds of negative energies.

### Things Required

- Black cotton thread (little thick)
- Ghee lamp
- Incense sticks
- Little water
- Flower
- Small plate

### To Proceed

- Place the black thread on a small plate.
- Sprinkle little water on it.
- Offer incense stick on it.
- Rotate it 7 times clockwise over the ghee lamp and again place it on the plate.
- Now offer a flower on it.

This way it is energised and blessed by all the 5 elements.

- Now hold this energised thread near your third eye and give very strong intention to protect you from all negative energies.
- Now tie 7 knots to this thread while reciting the following Switch Mantra 21 times – "Balāye Kawachāye Hoom". (बलाय कवचाय हुं)

- While tying Each knot, recite 'Balāye Kawachāye Hoom' 3 times. (Thus 7*3=21 times.)
- Once done, place the thread back on the plate and leave it in your temple/altar overnight and tie it around your ankle the next day.
- This ritual can be done on any Tuesdays and Saturdays.

Besides Tuesdays and Saturdays, this ritual can be specially done on Full Moon and No Moon days.

If you wish to wear this protection thread around your neck instead of ankle, then use Red thread instead of black

NOTE: This thread has to be changed after every month and people who feel that they are frequently affected by evil eye & negative energies should change it every 15 days.

# स्विच मन्त्र 1

स्विचमन्त्र सीरीज़ का पहला मन्त्र शक्तिशाली 'सुरक्षा कवच' के रूप में काम करता है।

स्विच मन्त्र - 1 इस प्रकार से है –

## बलाय कवचाय हुं

यह स्विच मन्त्र शिव, भैरव या अग्नि की शक्ति द्वारा कवच बना कर किसी भी बला अर्थात् संकट या अनिष्ट से रक्षा करता है और हमारे संकटों का हरण करता है।

इस स्विच मंत्र के उच्चारण से शरीर के बाह्य मंडल में 'तुरंत' अदृश्य सुरक्षा कवच बन जाता है, जो कि अभेद्य होता है। यह सुरक्षा कवच हर प्रकार की नकरात्मक ऊर्जाओं (negative energies) से, हर प्रकार के संकटों से, कष्टों से हमारी रक्षा करता है।

- इस स्विचमन्त्र का जाप आप नित्य सुबह अपने ऊर्जा मंडल (aura) में सुरक्षा-कवच (protection-shield) बनाने के लिये कर सकते हैं।
- किसी भी नये काम को शुरू करने से पूर्व, किसी नये शहर में जाने पर, नये काम पर जाते समय, घबराहट या भय की स्थिति में इस स्विचमन्त्र का जाप अवश्य करना चाहिये।
- इस स्विच मन्त्र का मात्र 5-7 बार का जाप ही प्रभावशाली होता है।

## स्विच मंत्र-1 का विशिष्ट प्रयोग

## चमत्कारी रक्षा सूत्र

ये चमत्कारी रक्षा सूत्र सभी प्रकार की अनिष्ट शक्तियों से सुरक्षा प्रदान करता है।

आवश्यक सामग्री :

- काला सूती धागा (थोड़ा मोटा)
- घी का दीपक
- धूप

- थोड़ा जल
- फूल
- छोटी प्लेट

**विधि :**

- काले धागे को एक छोटी प्लेट में रखें।
- इस पर थोड़ा जल छिड़कें।
- धागे को धूप-दीप दिखायें।
- अब धागे को हाथ में लेकर इसे घी के दीपक के ऊपर घड़ी की दिशा में(clockwise) 7 बार घुमायें और फिर से प्लेट में रख दें।
- अब इस पर फूल चढ़ायें।

**इस तरह यह सभी 5 तत्वों द्वारा ऊर्जांवित हो जायेगा।**

- अब इस ऊर्जांवित धागे को अपने आज्ञा चक्र (third eye) के पास पकड़ें और सभी नकारात्मक ऊर्जाओं से आपकी रक्षा करने के लिए शक्तिशाली धारणा करें।
- अब इस स्विचमंत्र का 21 बार जप करते हुये इस धागे में 7 गांठें बांधें -
- "बलाय कवाचाय हुं"
- प्रत्येक गाँठ को बाँधते समय 'बलाय कवाचाय हुं' का 3 बार जाप करें। (इस प्रकार 7*3=21 बार जाप करना है)
- ऐसा हो जाने के बाद धागे को वापस प्लेट में रख दें और इसे अपने मंदिर में रात भर छोड़ दें और अगले दिन इसे अपने टखने(ankle) पर बांध दें।
- यह प्रयोग किसी भी मंगलवार और शनिवार को किया जा सकता है।
- मंगलवार और शनिवार के अतिरिक्त, यह प्रयोग पूर्णिमा और अमावस्या के दिन किया जा सकता है।

- अगर आप इस रक्षा सूत्र को टखने पर न पहन कर अपने गले में पहनना चाहते हैं तो काले की जगह लाल धागे का प्रयोग करें।

नोट: इस धागे को हर माह बदलना चाहिये और जिन लोगों को लगता है कि वे अक्सर नजर दोष से प्रभावित हो जाते हैं, उन्हें इसे हर 15 दिनों में बदल लेना चाहिये।

# Switch Mantra 2

This Mantra of Switch Mantra Series is a Mahamantra for releasing all types of negative energies.

Switch Mantra-2 is :

"Sahasrār Hoom Phat"

This mantra is also known as "Mahasudarshan Mantra". Mahasudarshan is the name of Lord Vishnu's mighty weapon 'chakra', which He uses to grant immediate relief to the sufferings of his followers.

- This switch mantra "Sahasrār Hoom Phat" is very beneficial to remove all kinds of negativities, graha dosha, black magic, shat karma -Akarshan karma (attraction), Vashikaran karma(seduction), Uchchatan karma (causing aversion), Stambhan karma (obstructing), Vidveshan karma (causing conflict) and Maran karma (obliterating).
- It also helps in case of planetary imbalances, and also dilutes the effects of most dense karmic issues ; because of its comprehensive effect, it is also known as "Vyom Vyapi".
- This mantra also aids in Akashic healings.
- "Sahasrār Hoom Phat"- Regular chanting of this short, but very powerful switch mantra seeks the power from Sudarsana and drives away the evil, inimical forces or obstacles of any kind . It is useful for the exorcism of ghosts, to win over enemies and can even dissolve the darkness within our own mind and thus, by the grace of Lord Sudarshana, aids in spiritual advancement & self purification.

Try to chant the mantra 108 times every day for 40 consecutive days and mentally chant it as much as possible to get rid of all kinds of negativities.

## Sacred Kriya to create a protection-shield with switch mantra-2

Switch Mantra-2 along with Kara Nyas and Anga Nyas makes it very effective and powerful. If this mantra, done with full faith, is capable of removing all kinds of evil eye, planetary obstacles and fulfilling all desires.

## Kara Nyas Mantra

Achakraye Swaha Adgusthabhayam Namah,

Vichakraye Swaha, Tarjanibhayam Namah,

Suchakraye Swaha, Madhyamabhayam Namah,

Dhichakraye Swaha, Anamikabhayam Namah,

Sanchakraye Swaha, Kanishtabhyam Namah and

Jwalachakraya Swaha, Kartal prishtabhyam Namah

## Anga Nyas Mantra

Achakraye Swaha, Hridyaaye namah

Vichakraye Swaha, Shirse Swaha.

Suchakraye swaha, shikhaye vashat.

Dhichakraye Swaha, Kavachaaye Hoom.

Sanchakraye Swaha, Netraaye Vaushat.

Jwalachakraye Swaha, Astraaye phat

(To explore more profound uses of Switch Mantra and to understand the nyas method in further details, kindly connect with us through the workshop.)

# स्विच मन्त्र 2

स्विच मन्त्र सीरीज़ का ये मन्त्र एक "महामंत्र" है, हर प्रकार की नकारात्मक ऊर्जा को दूर करने के लिये बहुत ही उपयोगी मन्त्र है। इसे 'महासुदर्शनमंत्र' के नाम से जाना जाता है।

स्विचमन्त्र -2 इस प्रकार है –

**सहस्रार हुं फट्**

ये मंत्र स- सोम, ह-प्राण, स-अमृत, उसके बाद काल पावक- रा,अग्नि - र के साथ अस्त्र मंत्र 'हुं फट्' से बना है।

- स्विचमंत्र "सहस्रार हुं फट्" का जाप सभी प्रकार की नकारात्मकता- ग्रहबाधा, ब्लैक मैजिक, षट् कर्म (मारण,मोहन,स्तंभन आदि) से छुटकारा दिलाता है ।
- यह ग्रहों का मर्दन और नीच कर्म का नाश करता है और व्यापक प्रभाव का होने के कारण इसे "व्योमव्यापी" भी कहा जाता है।
- ये मंत्र आकाशिक हीलिंग में भी कार्य करता है।

भगवान विष्णु का चक्राकार कमल के आसन पर ध्यान करके इस स्विचमन्त्र का नियमित जाप करने से सभी नकारात्मक शक्तियों का नाश होता हैं। यदि आप किसी भी प्रकार की नकारात्मक ऊर्जा से ग्रसित हैं, तो 40 दिन लगातार इस स्विच मंत्र का दिन में कम से कम 108 बार और अधिक से अधिक जितना हो सके,उतना जाप करें।

## स्विच मंत्र-2 से सुरक्षा कवच की क्रिया

स्विच मंत्र - 2 का प्रयोग कर न्यास और अंग न्यास के साथ करने से यह अत्यधिक प्रभावशाली और शक्तिशाली हो जाता है। न्यास के साथ किया गया यह मंत्र क्षुद्र संज्ञक अभिचार को, ग्रह बाधा को हर लेने वाला और समस्त मनोरथों को पूर्ण करने वाला है।

**कर न्यास मंत्र**

आचक्राय स्वाहा अङ्गुष्ठाभ्यां नमः,

विचक्राय स्वाहा, तर्जनीभ्यां नमः,

सुचक्राय स्वाहा, मध्यमाभ्यां नमः,

धीचक्राय स्वाहा, अनामिकाभ्यां नमः,

संचक्राय स्वाहा, कनिष्ठाभ्यां नमः एवं

ज्वालाचक्राय स्वाहा, करतलपृष्ठाभ्यां नमः

**अंग न्यास मंत्र**

आचक्राय स्वाहा, हृदयाय नमः।

विचक्राय स्वाहा, शिरसे स्वाहा।

सुचक्राय स्वाहा, शिखायै वषट्।

धीचक्राय स्वाहा, कवचाय हुम्।

संचक्राय स्वाहा, नेत्राय वौषट।

ज्वालाचक्राय स्वाहा, अस्त्राय फट्।

इसके बाद भगवान विष्णु का चक्राकार कमल के आसन पर ध्यान करें और 40 दिन तक स्विच मंत्र-2 का प्रतिदिन 108 बार जाप करें।

नोट:

(इस मंत्र को और गहराई से समझने के लिये और कर न्यास और अंग न्यास के विषय में और अधिक जानकारी के लिये हमारी 'स्विच मंत्र वर्कशॉप' से जुड़ें।)

# Switch Mantra 3

This Mantra of Switch Mantra Series is very effective for cord-cutting.

The switch Mantra is:

**Kship Om Swāhā**

- This powerful mantra of Garud ji is capable of suppressing any kind of poison and also bestows immunity against it.
- Along with removing any poison this Switch Mantra can also release any negativity instantly.
- It helps in defeating enemies and bestows with victory in court cases.
- This is a very powerful Switch Mantra to cut all sorts of negative cords.

# स्विच मन्त्र 3

स्विच मंत्र सीरीज़ का यह मंत्र Cord Cutting के लिये बहुत ही प्रभावशाली मंत्र है। स्विच मंत्र इस प्रकार है-

**क्षिप ॐ स्वाहा**

- गरुड़ जी का यह प्रभावशाली मंत्र किसी भी प्रकार के विष का शमन करने वाला, विष प्रतिरोधक क्षमता प्रदान करने वाला मंत्र है।
- विष को काटने के साथ-साथ यह स्विच मंत्र हर प्रकार की नकारात्मकता को भी तुरंत काटता है।
- शत्रुओं का शमन करता है और मुकद्दमों में विजय प्रदान करने वाला अति प्रभावशाली मंत्र है।
- किसी भी प्रकार की नकारात्मक cords को काटने के लिए यह सर्वाधिक शक्तिशाली मंत्र है।

# Switch Mantra 4

This switch Mantra is one of the most powerful mantras for removing negativity, entities and black magic.

Black magic can be done in a number of ways and the most dangerous ones are maran, ucchatan, vidweshan and sthambhan prayog, that can generate harmful energies and destructive frequencies coming your way.

If one is suffering from any black magic issues, one shouldn't be scared as our fears give the power to the negative energies, so be fearless and help yourself by this using this powerful switch mantra to cut the black magic :

**Om Sam Sām Sim Sīm Sum Sūm Sem Saēm Som Soum Sam Sah Vam Vām Vim Vīm Vum Vūm Vem Vaēm Vom Voum Vam Vah Ham Sah Amrit Varchse Swāhā**

(Ravan rachit uddis tantra- 165)

## Advance uses of Switch Mantra-4

- To practice this mantra, take a new piece of broken earthen pot.
- Then at dusk, put some water (ganga jal will be best) in that earthen piece.
- Now chant the above given switch mantra for 108 times in front of this water.
- Then give this water to drink to the affected people.

This ritual must be practiced everyday, until you get the desired results.

# स्विच मन्त्र 4

स्विच मंत्र - 4 नकारात्मकता, एन्टिटीज़ और ब्लैक मैजिक को दूर करने के लिए सबसे शक्तिशाली मंत्रों में से एक है।

ब्लैक मैजिक कई तरीकों से किया जा सकता है - मारण, उच्चाटन, विद्वेषण और स्तम्भन प्रयोग, जो आपके मार्ग में हानिकारक ऊर्जा और विनाशकारी आवृत्तियों को उत्पन्न कर सकते हैं। यदि आपको लगता है कि किसी ने आप पर ब्लैक मैजिक किया है, तो डरिये मत।

हमारा डर ब्लैक मैजिक को शक्ति देता है, इसलिये निडर रहें और स्विच मंत्र का उपयोग करके स्वयं इस मैजिक को काटने का प्रयास करें।

स्विच मंत्र-4 इस प्रकार है -

ॐ सं सां सिं सीं सुं सूं सें सैं सों सौः सं सः वं वां विं वीं वुं वूं वें वैं वों वौं वं वः हं सः अमृतवर्चसे स्वाहा।

(रावण रचित उड्डीस तंत्र- १६५)

## स्विच मंत्र-4 के लिए विशिष्ट व शक्तिशाली प्रयोग

- इस मंत्र का अभ्यास करने के लिए मिट्टी के नये बर्तन का टूटा हुआ टुकड़ा लें।
- फिर शाम के समय उस मिट्टी के बर्तन के टुकड़े में थोड़ा पानी (गंगा जल सबसे अच्छा रहेगा) डालें।
- अब ऊपर दिये गये स्विच मंत्र का इस जल के सामने 108 बार जाप करें।
- फिर इस जल को प्रभावित लोगों को पीने के लिये दें।

इस प्रयोग का अभ्यास प्रतिदिन करना चाहिये, जब तक कि आप को सकारात्मक तरंगों और सकारात्मक ऊर्जा की अनुभूति न होने लगे।

# Switch Mantra 5

This is a very useful Switch Mantra for safety and success while going on any journey.

Switch Mantra-5 is as follows:

**Om Lam Lambodarāye Namah**

"Lam" is the mantra of the Muladhar/Root Chakra located in our body and it is also the beej mantra of Lord Ganesha, the God of wisdom and knowledge. "Lambodar" is also the name of the sixth incarnation of Lord Ganesha. Ganeshji is considered to remove all the obstacles and hurdles and bestows Riddhi and Siddhi. By taking his blessings before commencing with any task, it enables you to complete it successfully without any obstacles and hindrances.

Reciting this mantra before commencing any journey, helps in completing the journey safely and successfully. This switch mantra provides protection during the journey.

# *स्विच मन्त्र 5*

किसी भी यात्रा पर जाते समय **सफल व सुरक्षित यात्रा के लिये** यह बहुत ही उपयोगी स्विच मंत्र है।

ये स्विच मंत्र इस प्रकार है -

**ॐ लं लंबोदराय नमः**

'लं' हमारे शरीर में स्थित मूलाधार चक्र का मंत्र है और यह बुद्धि और ज्ञान के देव भगवान श्री गणेश का बीज मंत्र भी है। 'लंबोदर' गणेश जी के छठे अवतार का नाम है। गणेश जी को विघ्नहर्ता, रिद्धि- सिद्धि-दाता माना गया है। किसी भी कार्य को शुरू करने से पहले उनका आशीर्वाद लेने से कार्य निर्विघ्न संपन्न होता है और उसमे सफलता प्राप्त होती है।

किसी भी यात्रा पर जाने से पहले इस मंत्र का जाप करने से यात्रा में आने वाले सभी विघ्न-बाधाओं का निवारण होता है और सुरक्षित रहते हुये सफलतापूर्वक यात्रा संपन्न होती है।

# SWITCH MANTRA FOR FINANCIAL GROWTH

"

AS YOU CHANT THE SWITCH MANTRAS FOR FINANCIAL GROWTH AND PROSPERITY, LET YOUR MIND BE FILLED WITH ABUNDANCE, YOUR HEART WITH GRATITUDE AND YOUR ACTIONS WITH PURPOSE.

# Switch Mantra 6

This switch mantra is very beneficial for sudden financial gains, for cash flow and to maintain the steady finances in our life.

Switch mantra -6 is -

**Om Dhanāye Namo Namaha**

In this switch mantra 'DH' (ध) signifies Dhanadh (the provider of wealth) and Dharta (holder of wealth). It symbolises the holding of wealth or Prosperity.

By recitation of this mantra, we bow down to Maa Laxmi's swaroop "Dhandaa Devi" who not only blesses her devotees with financial prosperity, but also grants their desires.

When we try to understand the word 'Dhanāye' in Hindi, it's a combination of two words Dhan (wealth) and Aaye (income).

Thus, when we chant this mantra by reciting Dhan and Aaye, it generates messages in our subconscious minds about the occurrence of financial prosperity, thereby creating new paths for finances.

Hence, when this switch mantra is regularly chanted, we never face lack in finances. Also whenever there is a sudden requirement of money and this switch mantra is chanted there will be an unexpected procurement of money.

**If this switch mantra "Om Dhanāye Namo Namah" is regularly chanted thrice a day (morning, afternoon and evening) for 5 times, it increases our financial prosperity and also opens new paths for finances.**

If this mantra is chanted, while writing or receiving cheques ; OR while depositing or withdrawing doing any transactions related to wealth; OR while buying or selling anything, it results in enhancing our wealth in manifolds and provides us new means of income.

# स्विच मन्त्र 6

स्विच मन्त्र सीरीज़ का यह मंत्र आकस्मिक धन-लाभ और जीवन में धन का प्रवाह बनाये रखने के लिये बहुत प्रभावी मंत्र है।

स्विचमन्त्र -6 इस प्रकार है :

**ॐ धनाय नमो नम:**

इस स्विचमंत्र में 'ध' धनद: ( धन देने वाला) और धर्ता (धारण करने वाला) का प्रतीक है। यहां पे समृद्धि धारण करने का ये प्रतीक है।

इस मंत्र द्वारा हम माँ लक्ष्मी के स्वरूप 'धनदा देवी' को नमन करते हैं, जो न केवल धन-ऐश्वर्य को देने वाली है, बल्कि सारी मनोकामनाओ को पूर्ण करने वाली है।

जब हम 'धनाय' शब्द को साधारण हिंदी में समझते हैं, तो यह 'धन' और 'आय' दो शब्दों का मिश्रण लगता है।

तो इस मंत्र का जाप करते समय हम धन और आय के उच्चारण से हमारे अवचेतन मन में धन के आगमन का संदेश संप्रेषित होता है, और उसकी शक्ति से धन के नये स्त्रोत जीवन मे खुलना चालू होते है।

इस प्रकार, इस स्विचमंत्र के निरंतर जाप से जीवन में धन की कभी कमी नहीं होती। जब भी आपको धन की आवश्यकता हो, तो इस स्विचमंत्र को जपने से धन की अचानक प्राप्ति होती है।

**यदि हम हर रोज दिन में तीन समय (सुबह, दोपहर, शाम) इस स्विचमंत्र 'ॐ धनाय नमो नम:' का 5-5 बार जाप करते हैं, तो जीवन में सदैव धन-धान्य की वृद्धि होती रहती है और आय के नये-नये स्त्रोत खुलते हैं।**

**बैंक में पैसा जमा करवाते समय या निकालते समय, चेक काटते समय, चेक देते या लेते समय, धन का कोई भी लेन-देन करते समय, अपने कैश बॉक्स या लॉकर में धन रखते समय इस स्विच मंत्र का जाप करने से धन में निरंतर वृद्धि होती रहती है।**

# Switch Mantra 7

This Switchmantra is useful for manifestation and stability of Wealth, Prosperity & abundance in life.

Switch mantra is-

**Shree Dah-Shree Shah – Shree Dharah**

- 'Shree' means 'lakshmi'(indicating prosperity, power, beauty, grace, brilliance).
- 'dah' represents dravya- material object and drishti- vision',
- 'shah' means 'completeness' ;
- 'dharah' means "possessing"

Thus "Shree dah-Shree shah – Shree dharah" means, One who gives prosperity & a right vision to attain 'lakshmi'; power to maintain wholeness and capacity to rightfully possess & utilise the prosperity, power, grace & brilliance.

Chanting this Switch mantra will bring wealth, prosperity, money, stability & abundance in your life.

Chant this mantra at least 108 times daily, try to chant it as much as possible. Keep chanting it mentally to manifest prosperity & stability in your life. Chant this mantra for at least 40 days to get desired results.

# स्विच मन्त्र 7

स्विच मन्त्र सीरीज़ का यह मन्त्र जीवन में धन, सम्पत्ति, वैभव व समृद्धि की प्राप्ति और इसकी स्थिरता बनाते रखने के लिये है |

स्विच मन्त्र-7 है –

**श्री द: - श्री श: - श्री धर:**

'श्री' का अर्थ है –'लक्ष्मी' (समृद्धि, सौन्दर्य, श्रेष्ठता, गरिमा, शक्ति)

'द:' प्रतीक है- 'द्रव्य' अर्थात् भौतिक सुविधाओं का और 'दृष्टि' का

'श:' का अर्थ है – 'पूर्णता'

'धर:' का अर्थ है – 'धारण करना'

इस प्रकार "श्री द: - श्री श: - श्री धर:" का अर्थ है "समृद्धि प्रदान करने वाला और समृद्धि व भौतिक सुविधाओं को प्राप्त करने की सही दृष्टि प्रदान करने वाला; धन, वैभव, सौन्दर्य, शक्ति, श्रेष्ठता को धारण करने व प्रयोग करने की पूर्णता और क्षमता प्रदान करने वाला।"

इस 'स्विचमन्त्र' का निरंतर जप जीवन में धन, समृद्धि, शक्ति व श्रेष्ठता लाने वाला है | रोज 108 बार जप करने के साथ-साथ दिन में जब भी सम्भव हो, इसका मानसिक जप करते रहें | मानसिक जप आप कभी भी, कहीं भी कर सकते हैं | जितना अधिक इस स्विचमन्त्र का ध्यान करेंगे, उतनी अधिक इस स्विचमन्त्र की शक्तियाँ आपको प्राप्त होती जायेंगी और जीवन में सुख-समृद्धि, धन-संपत्ति की स्थिरता बनी रहेगी |

पूर्ण प्रभाव की प्राप्ति के लिये कम से कम 40 दिन इस स्विचमन्त्र का जाप करें |

# Switch Mantra 8

Many times a person is unable to repay the loan on time and gets buried under the burden of debts. In such a situation, this Switch Mantra of Lord Shiva proves to be very effective in getting rid of debts.

Switch Mantra is as follows:

**Om Rinn-Mukteshwar Mahadevāye Namah**

By chanting this mantra in front of Shivling, the person gets liberated from all kinds of debts. Offering red masoor(lentils) on a Shivling in Shiv temple on every Tuesday and reciting this mantra gives quick relief from debts.

# स्विच मन्त्र 8

कई बार व्यक्ति कर्ज को सही समय पर चुका पाने में असमर्थ हो जाता है और कर्ज के बोझ तले दब जाता हैं। ऐसे में महादेव भगवान शिव का यह स्विच मंत्र ऋण से मुक्त करने में बहुत प्रभावशाली सिद्ध होता है।

स्विच मंत्र इस प्रकार से है :

**ॐ ऋण-मुक्तेश्वर महादेवाय नमः**

शिवलिंग के समक्ष इस मंत्र का जाप करने से व्यक्ति सभी प्रकार के ऋण से मुक्त हो जाता है।

हर मंगलवार के दिन किसी शिव मंदिर में शिवलिंग पर लाल मसूर की दाल चढ़ाते हुये इस मंत्र का जाप करने से कर्ज से अति शीघ्र मुक्ति मिलती है।

# Switch Mantra 9

This is a very effective Switch Mantra to increase sales, attract more customers and create new clients in your business.

This switch Mantra is :

**Om Aam Am Swāhā**

"Aa" represents the sky and "A" represents infinity. Thus this mantra signifies expansion and pervasiveness. On the energy level "Aa" is the seed of attraction force. "A" is a symbol of Shiv and "Aa" is a symbol of Shakti, the chanting of this mantra increases life force energy and also expands our auric field. Thus chanting this mantra expands our business and helps in attracting more clients and new customers.

# स्विच मन्त्र 9

अपने व्यवसाय में बिक्री (sale) को बढ़ाने के लिये, अधिक ग्राहकों को आकर्षित करने के लिये और नये क्लाइंट्स बनाने के लिये यह बहुत ही प्रभावी स्विच मंत्र है।

स्विच मंत्र है -

**ॐ आं अं स्वाहा**

'आ' आकाश का और 'अ' अनंतता का प्रतीक है। इस प्रकार यह मंत्र विस्तार और व्यापकता को दर्शाता है। ऊर्जा के स्तर पर, 'आ' आकर्षण शक्ति का भी बीज है। साथ ही, 'अ' शिव का और 'आ' शक्ति का प्रतीक है, इस मंत्र का जाप हमारी प्राण शक्ति को बढ़ाता है और हमारे आभामंडल का विस्तार करता है। इस प्रकार इस मंत्र का जाप हमारे व्यवसाय का विस्तार करता है और अधिक से अधिक ग्राहकों को और नए क्लाइंट्स को आकर्षित करने में सहायता करता है।

# Switch Mantra 10

This mantra of Mahalakshmi Maa is taken from Lakshmi Tantra, helps in expelling poverty.

Switch Mantra is as follows:

**Om Aardrāyai Namah**

If one is suffering from constant lack of finances in life, then chanting this Switch Mantra proves to be very beneficial to get rid of poverty.

When you are feeling sad and helpless due to lack of finances, then invoking and whole-heartedly worshipping Maa Lakshmi by chanting "Om Aardrāyai Namah" you can attain her grace. You can accomplish all your tasks quickly and successfully, also money flow starts in your life.

# स्विच मन्त्र 10

लक्ष्मी तंत्र से लिया गया महालक्ष्मी मां का ये मंत्र दरिद्रता को दूर भगाने वाला है।

स्विच मंत्र इस प्रकार से है -

**ॐ आर्द्राये नमः**

यदि जीवन में धन का निरंतर अभाव बना रहता हो, तो दारिद्रय से मुक्ति के लिए इस स्विच मंत्र का जाप बहुत ही लाभकारी सिद्ध होता है।

जब अभाव में आप बहुत दुःखी अनुभव कर रहे हों, तब पूरे भाव के साथ, सच्चे और आर्द्र हृदय से मां लक्ष्मी का आह्वाहन और पूजन करने और 'ॐ आर्द्राये नमः' का जाप करने से मां की कृपा प्राप्त होती है और आपके सभी कार्य शीघ्र पूर्ण होने लग जाते हैं, जीवन में धन का आगमन होने लगता है।

# SWITCH MANTRA FOR JOB RELATED ISSUES

"

HARNESS THE POWER OF SWITCH MANTRAS TO OVERCOME OBSTACLES AND ACHIEVE ALL ROUND SUCCESS IN YOUR PROFESSION.

# Switch Mantra 11

Whenever you feel stuck or bound in life, whenever there seems to be no progress in life or you are not getting a job or you want to start a new business, there seems to be no growth in the workplace, then chanting this switch Mantra works miraculously.

The switch Mantra 16 is:

**Om Chaplāyai Namah**

In this Switch Mantra, 'chapal' means agile, mobile, active, versatile and 'Chaplaa' means Lakshmi (the goddess of wealth).

Thus, to bring mobility in life, to maintain versatility in life, for the continuous flow of money in life, to find a new job or business, the regular chanting of switch Mantra-16 **"Om Chaplāyai Namah"** brings progress, new jobs and business opportunities in life.

### ADVANCE USES OF SWITCH MANTRA- 11

ABUNDANT FOOTPRINTS TECHNIQUE

It is believed that the touch of goddess Lakshmi's feet brings good luck and prosperity.

So, in this most simple and beautiful technique, we will learn to transform our own feet from lack to abundance so that it can attract prosperity, abundance, and good fortune effortlessly everywhere around us.

### Things Required

Rose or Sandalwood attar

## To Proceed

- Firstly Keep the Attar in the Feet of Goddess Laxmi, light a diya then chant the below given Switch mantra 108 times.

**Om Chaplāyai Namah**

- Now take this energized Rose or Sandalwood attar and merge with its energy by holding it close to your heart and reciting the same switch mantra for 21 times -

Om Chaplāyai Namah

- Once the attar is energised, apply a small dot from it on the soles of your feet. Before applying, thoroughly clean your feet and keep them very well moisturized.
- Now touch the ring finger of your right hand on the attar at the soles of your feet, move it clockwise while affirming

    "My feet are my foundation, and every step I take is blessed with abundance, happiness, and good fortune."

    Repeat this affirmation for 7 times on both your feet.

- Now, with each step you take, feel the sense of peace, happiness, prosperity and abundance spreading all around.
- May happiness, prosperity and abundance spread everywhere, wherever you go.

-----

As per Ayurveda, it is believed that certain pressure points on **the feet** are connected to various organs and systems in the body, stimulating these pressure points can help improve overall health and well-being, which also contributes to abundance and prosperity

Overall, the feet are connected to abundance and prosperity in Hindu mythology and culture because they represent the path to spiritual purity

Both **rose and sandalwood fragrances** are used in spiritual practices to promote relaxation and attract positive energy, which can contribute to abundance. The sweet, uplifting scent of rose and the grounding, calming scent of sandalwood are believed to create an atmosphere of positivity and abundance, which can help to manifest abundance and prosperity.

**Ring finger** is believed to be connected with abundance and prosperity. This is because the ring finger is associated with the planet Sun, which is considered to be the planet of power, authority, and abundance.

The switch mantra **Om Chaplaaye Namah** is considered to be very effective to bring mobility in life , to maintain versatility in life, for the continuous flow of money in life, to find a new job or business.

Thus, by incorporating this technique in our daily routine, one can experience miraculous transformations.

# स्विच मन्त्र 11

जीवन में जब कुछ रुका हुआ, बंधा हुआ प्रतीत हो रहा हो, नौकरी न मिल रही हो, व्यापार न शुरु कर पा रहे हों, जीवन में उन्नति या विकास थम गया हो, तो स्विच मन्त्र सीरीज़ का यह मंत्र चमत्कार का काम करता है।

स्विचमन्त्र है :

ॐ चपलायै नमः

इस स्विचमंत्र में "चपल" का अर्थ है – गतिमान, चलायमान, चंचल और चपला का अर्थ है – लक्ष्मी । तो, जीवन में गतिशीलता बनाये रखने के लिये, धन-लक्ष्मी के आवागमन को बनाये रखने के लिये, जीवन में आगे बढ़ते रहने के लिये यह स्विचमंत्र बहुत उपयोगी है।

जब भी आप जीवन में गतिशीलता चाह रहे हों अर्थात् **नौकरी न मिल रही हो, व्यापार-व्यवसाय रुक गया हो, नया व्यापार शुरु करना हो, धन का आवागमन न हो रहा हो,** तो इस स्विचमंत्र का नियमित और अधिक से अधिक जाप करने से जीवन में गतिशीलता और प्रगति आती है।

## स्विच मंत्र-11 के लिये विशिष्ट प्रयोग

### ABUNDANT FOOTPRINTS TECHNIQUE

ऐसी मान्यता है कि जिस घर में देवी मां लक्ष्मी के चरण पड़ते हैं, वहां सुख, सौभाग्य, धन, समृद्धि की वर्षा होने लगती है।

इसलिए, इस अत्यंत ही सरल और सुंदर विधि में, हम अपने ही पांवों (चरणों) का 'अभाव से अनंतता' में रुपांतरण करना सीखेंगे, ताकि हमारे ये कदम जहां भी पड़ें, वहां हर ओर से समृद्धि, संपदा, प्रचुरता और सौभाग्य को आकर्षित कर सकें।

## इस प्रयोग के लिए आवश्यक सामग्री

गुलाब या चंदन का अत्तर

## विधि

- सबसे पहले देवी लक्ष्मी के चरणों में अत्तर रखें, एक दीया जलाएं और फिर नीचे दिए गए स्विच मंत्र का 108 बार जाप करें :

  **ॐ चपलायै नमः**

- अब मां लक्ष्मी की ऊर्जा से अभिमंत्रित यह अत्तर लें और इसे अपने हृदय के पास रख कर 21 बार इसी स्विचमंत्र का जाप करते हुए इस ऊर्जा के साथ आत्मसात करें :

  **ॐ चपलायै नमः**

- अब इस अभिमंत्रित अत्तर की एक बूंद अपने पैरों के तलवों पर लगाएं। लगाने से पहले अपने पैरों को अच्छी तरह से साफ करें और उन्हें अच्छी तरह से मॉइस्चराइज़ कर लें।
- अब अपने पांव के तलवों पर लगे इस अतर को अपने दाहिने हाथ की अनामिका ऊंगली(ring finger) से स्पर्श कर 'क्लॉक वाइज" दिशा में उंगली को घुमाते हुए अपने पूरे तलवे में फैला दें। ऐसा करते समय धारणा करें :
  "मेरे पांव मेरा आधार हैं, और मेरा हर कदम सुख, सौभाग्य, खुशी और विपुलता से अनुग्रहित है। जहां भी मेरा कदम पड़ता है, वहां सुख, सौभाग्य और समृद्धि की वृद्धि होती जाती है।"
  इस धारणा को अपने दोनों पांव पर 7 बार दोहराएं।
- उसके बाद धरती पर कदम रखें और अपने घर में चलते हुये धन, संपदा व ऐश्वर्य का आगमन और संवर्धन होता हुआ देखें।
- घर से बाहर भी जहां भी आपके कदम पड़ें, वहां भी सब ओर सुख, समृद्धि और विपुलता का प्रसार हो।

------

आयुर्वेद के अनुसार, ऐसा माना जाता है कि **पांव के तलवों** पर कुछ दबाव बिंदु शरीर में विभिन्न अंगों और प्रणालियों से जुड़े होते हैं, इन दबाव बिंदुओं को activate करने से समग्र स्वास्थ्य में सुधार होता है, जो समृद्धि प्रसार के लिए आवश्यक है। पांव हिंदू पौराणिक कथाओं और संस्कृति में संपन्नता और समृद्धि से जुड़े हैं, क्योंकि वे आध्यात्मिक शुद्धता के मार्ग का प्रतिनिधित्व करते हैं।*

**गुलाब और चंदन** दोनों सुगंधों का उपयोग विश्रांति को बढ़ाने और सकारात्मक ऊर्जा को आकर्षित करने के लिए किया जाता है, जो कि सौभाग्य का संवर्धन करती है।

**अनामिका(Ring finger)** को विपुलता, कीर्ति और समृद्धि से जुड़ा हुआ माना जाता है। ऐसा इसलिए है क्योंकि अनामिका का संबंध सूर्य ग्रह से है, जिसे शक्ति, अधिकार और प्रचुरता का ग्रह माना जाता है।

जीवन में गतिशीलता बनाये रखने के लिये, धन-लक्ष्मी के आवागमन को बनाये रखने के लिये, जीवन में आगे बढ़ते रहने के लिये मां लक्ष्मी का मंत्र ॐ **चपलायै नमः** अत्यंत ही प्रभावशाली स्विच मंत्र है।

इस प्रकार इस विधि को अपनी प्रतिदिन की दिनचर्या में शामिल कर चमत्कारिक रूपांतरण को अनुभूत किया जा सकता है।

# Switch Mantra 12

Vaani/Speech is the direct form of Goddess Saraswati. It is said that wherever there is the presence of Goddess Saraswati, Mahalakshmi also resides there. The 21st mantra of Switch Mantra Series is for speech/vaani. Power of speech is considered most important for achieving success in all areas of life.

This mantra is extremely beneficial for people in various sectors.

Switch Mantra -12 is :

**Om Aim Vāñiñyai Namah**

This mantra enhances the speech by making the voice more powerful, energetic and sweet to hear. "AIM" is a beej mantra of Maa Saraswati, the Goddess of Knowledge. Thus by chanting this mantra, the Maa Saraswati resides on our tongue.

This mantra is very beneficial in all the professions, where good oratory skills are required such as :

- Counselors
- Advisory
- Lawyers
- Politicians
- Sales marketing
- Lecturers
- Speakers
- Interviews
- Vivas etc

To make your Speech/Vaani more powerful and impressive do more and more recitation of this mantra; At Least 108 times each day.

# स्विच मन्त्र 12

वाणी साक्षात सरस्वती स्वरूपा है, जहां सरस्वती होती है, वहां लक्ष्मी का वास होता है। स्विच मंत्र सीरीज़ का यह मंत्र वाणी का है, वाणी से ही हमारे व्यापार, हमारे सब कार्य चलते हैं!

ये मंत्र किसी भी प्रकार के कार्य क्षेत्र में सफलता के लिये बहुत ही प्रभावशाली है,

स्विच मंत्र इस प्रकार है -

ॐ ऐं वाणिण्यै नमः

यह मंत्र हमारे वाणी में तेज, ओज और मधुरता लाने वाला है। "ऐं" ज्ञान की देवी मां सरस्वती का बीज मंत्र है। इस प्रकार, इस मंत्र के जाप से हमारी जिह्वा पर मां सरस्वती का साक्षात वास होता है।

ये काउंसलिंग, एडवाइजरी, सेल्स मार्केटिंग और व्यापार के क्षेत्र में काम करने वाले लोगों के लिये और किसी भी इंटरव्यू या मौखिक परीक्षा के लिये, कोई भी प्रेजेंटेशन देने जा रहे लोगों के लिये बहुत ही उपयोगी मंत्र है।

अपनी वाणी को प्रभावशाली बनाने के लिये प्रतिदिन कम से कम 108 बार इस मंत्र का जाप अवश्य करना चाहिये।

# Switch Mantra 13

In many cases, people generally face various issues in the workplace due to office politics. To handle such situations peacefully and successfully, chant this Switch Mantra:

**Om Tankārañye Namah**

The chanting of this Switch Mantra is very beneficial in all the following situations:

- To maintain harmonious relationships with your boss and all co-workers.
- To get rid of the anger or resentment of your seniors and colleagues.
- To win the trust of colleagues and your seniors.
- To guide your employees to work to their optimum levels.
- For a favorable outcome in the ongoing dispute at the workplace.
- To achieve approval of your suggestions, vision and ideas at the workplace.
- To work in peace and harmony with everyone at the workplace and to maintain your strong image and respect, regularly chanting this Switch Mantra will be very beneficial.

# स्विच मन्त्र 13

हम सभी को अपने कार्यस्थल में विभिन्न परेशानियों का, **दफ्तर में चल रही राजनीति(office politics)** का सामना करना पड़ता है। कार्यस्थल की ऐसी ही परिस्थितियों से सफलतापूर्वक निपटने के लिये है।

स्विच मंत्र- 13 :

ॐ टंकारण्ये नमः

इस स्विच मंत्र का जाप निम्न सभी परिस्थितियों में अत्यंत प्रभावशाली है :

- अपने बॉस और सभी सहकर्मियों के साथ अच्छे संबंध बनाये रखने के लिये।
- बॉस के क्रोध या नाराजगी से छुटकारा पाने के लिये।
- सहकर्मियों व अपने से ऊपर के अधिकारियों का विश्वास जीतने के लिये।
- अधीनस्थ कर्मचारियों से प्रभावशाली रूप से कार्य लेने के लिये।
- कार्य क्षेत्र में चल रहे विवाद में विजय के लिये।
- कार्यस्थल पर आपके विचारों, आपके शब्दों को महत्त्व मिले, इसके लिये।

अपने दफ्तर या कार्यक्षेत्र में शांति पूर्वक काम करने और अपनी सशक्त छवि बनाये रखने के लिये और सबके साथ सामंजस्य बनाये रखते हुये कार्य करने के लिये स्विचमंत्र-13 का नित्य जाप अत्यंत ही लाभदायक है।

# SWITCH MANTRA FOR STUDENTS

"

EXPAND AND EMPOWER YOUR MIND FOR LIFELONG LEARNING WITH THE PHENOMENAL POWER OF SWITCH MANTRAS.

# Switch Mantra 14

The 14th mantra of Switch mantra series is:

**Aim**

This is the Beej Mantra of Maa Saraswati, the goddess of knowledge, arts and wisdom, it is also called Vaag Beej. When there is a desire for success in learning, knowledge, speech accomplishment and intellectual work, then the chanting of this mantra is very beneficial.

- Chanting this mantra 108 times daily increases intellect, knowledge, art skills and auditory skills.
- Additionally, when you start studying or learning something new, you should chant this mantra 11 times, focusing on the Third eye chakra.

## Advance uses of Switch mantra-14

### Magical Knots of Knowledge

These magical knots are very effective and useful for the students for enhancing knowledge & intelligence.

### Things Required:

- 24 inches Yellow cotton or silk thread (little thick)
- Ghee lamp
- Incense sticks

### To Proceed:

- Lit ghee lamp and incense sticks in front of Devi Maa and place the Yellow thread next to it.

- Yellow colour is the colour of Planet Jupiter (Guru grah) which is responsible for improving knowledge, wisdom, mental sharpness and gives lots of peace and happiness.
- Invoke the energies of Saraswati Maa, the goddess of knowledge, wisdom, education and intelligence. Pray to her to bless the person (who will be wearing this thread) with infinite knowledge, wisdom and intelligence.
- Now rotate the yellow thread clockwise 7 times above the ghee lamp and incense sticks to purify it.
- Hold the thread in your hand and chant Maa Saraswati's beej mantra "AIM".
- After reciting it 4 times, tie one knot on the thread, similarly you will tie 27 knots and recite the beej mantra 4 times before tying each knot after a little gap.
- Hence you will be reciting the beej mantra 108 times totally (27*4=108) along with 27 knots.
- Now the thread is fully energised to be worn. It can be tied around the neck or wrist.

**Note**: For this ritual, the Basant Panchami day is the best day, else you can do it on any day of Gupt Navratri, Navratri or any Thursdays of the week.

**Life Of Knowledge Knots**

Wear this yellow thread with magical Knots of Knowledge maximum for 3 months. Then change this thread with the new one after following the above process again.

# स्विच मन्त्र -14

स्विच मंत्र सीरीज का चौदहवां मंत्र इस प्रकार है-

ऐं

यह विद्या, कला और ज्ञान की देवी मां सरस्वती का बीज मंत्र है, इसे वाग् बीज भी कहते हैं। जब विद्या, ज्ञान, वाक् सिद्धि व बौद्धिक कार्यों में सफलता की कामना हो, तो इस मंत्र का जाप बहुत उपयोगी होता है।

- नित्य इस मंत्र का 108 बार जाप करने से बुद्धि, ज्ञान, कला कौशल और वाक् शक्ति में वृद्धि होती है।
- इसके अतिरिक्त, जब आप अध्ययन करने लगें या कुछ नया सीखने लगें, तो अपने आज्ञा चक्र पर ध्यान केंद्रित करते हुए 11 बार इस मंत्र का जाप करें।

## स्विच मंत्र-14 का विशिष्ट प्रयोग

### ज्ञान का धागा

बुद्धि और ज्ञान को बढ़ाने के लिये यह जादुई धागा बहुत ही प्रभावशाली है। ज्ञान का यह धागा विद्यार्थियों और ज्ञान प्राप्ति में लगे लोगों के लिये अत्यंत ही लाभकारी है।

### सामग्री :

24 इंच का पीले रंग का सूती या सिल्की धागा

घी का दिया

धूप

**विधि :**

1. देवी मां के सामने धूप, दीपक जलायें।
2. पीला धागा पास में रखें। (पीला रंग गुरु ग्रह का रंग है और यह ग्रह ज्ञान, बुद्धि को बढ़ाने वाला और मन में शांति प्रसन्नता और आनंद भरने वाला है।)
3. ज्ञान, बुद्धि और विद्या की देवी मां सरस्वती का आह्वान करते हुए प्रार्थना करें कि जो भी व्यक्ति इस धागे को बांधे, उसे मां अनंत ज्ञान, बुद्धि और विद्या प्रदान करें।
4. अब पीले धागे को सात बार घी के दिये के ऊपर से सात बार क्लॉक वाइज दिशा में घुमाते हुये शुद्ध करें।
5. धागे को अपने हाथ में पकड़कर मां सरस्वती के बीज मंत्र "ऐं" का चार बार उच्चारण करें। चार बार 'ऐं' बोलने के बाद धागे में एक गांठ लगायें।
6. इसी प्रकार 27 गांठें लगानी हैं और हर बार गांठ लगाने से पूर्व चार बार 'ऐं' मंत्र का उच्चारण करना है। गांठें धागे में थोड़ी थोड़ी दूरी पर लगानी हैं।

इस प्रकार आप 27 गांठें लगाते हुये "ऐं" मंत्र का 108 बार जाप कर लेंगे। अब धागा अभिमंत्रित हो गया है। आप इस अभिमंत्रित धागे को गले में या कलाई पर पहन सकते हैं।

नोट : इस प्रयोग के लिये बसंत पंचमी का दिन सबसे अधिक महत्वपूर्ण है। इसके अतिरिक्त आप इसे किसी भी नवरात्रि या गुप्त नवरात्रि के दिन या किसी भी बृहस्पतिवार को कर सकते हैं।

इस पीले धागे को आप अधिक से अधिक 3 महीने तक पहनें। उसके बाद आप इसी विधि से नया धागा तैयार कर सकते हैं।

# Switch Mantra 15

Switch Mantra-15 is as follows:

**Om Pustakvāsinyai Namah**

This mantra is specifically beneficial for students. Chanting of this mantra proves to be very helpful to create interest in any subject, to concentrate, to memorise the subject content of the book.

- For this, hold the book in hand and chant this switch mantra - 18 for 11 times while meditating on your third eye chakra. Once done with that, start studying from that book.

- Through this mantra we meditate on Maa Saraswati, the goddess of knowledge and wisdom who resides in books and bow down to her, so that Maa bestows her blessings and helps us in acquiring the knowledge.

- You can also chant it with switch mantra 14 "Aim" in this way-

**Om Aim Pustakvāsinyai Namah**

# स्विच मन्त्र 15

स्विच मंत्र -15 इस प्रकार है :

ॐ पुस्तकवासिन्यै नमः

ये मंत्र विद्यार्थियों के लिए विशेष रूप से लाभकारी है। **इस मंत्र का जाप किसी भी विषय में रुचि जगाने के लिये, ध्यान केंद्रित करने के लिये, पुस्तक के विषय वस्तु को स्मरण करने के लिये बहुत सहायक सिद्ध होता है।**

- इसके लिये पुस्तक को हाथ में पकड़ें और अपने आज्ञा चक्र (third eye chakra) पर ध्यान करते हुए इस स्विच मंत्र का 11 बार जाप करें, उसके पश्चात पुस्तक को पढ़ना शुरू करें।

- क्योंकि इस मंत्र द्वारा हम पुस्तकों में वास करने वाली विद्या की देवी मां सरस्वती का ध्यान करते हैं और उनको नमन करते हैं इसलिए यह हमें विद्या अर्जन में सहायता करता है।

- आप स्विच मंत्र 14 "ऐं" के साथ भी इसका इस प्रकार से जाप कर सकते हैं-

ॐ ऐं पुस्तकवासिन्यै नमः

# Switch Mantra 16

Switch Mantra-16 is as follows-

**Om Granth Beej Swarupāyai Namah**

**This Switch Mantra is especially beneficial for deep study of any subject, for research work, for getting deep and detailed knowledge of any subject.**

In this Switch Mantra, we bow to the seed form of the entire scripture or book. Just as a single seed has a potential of growing into a whole tree, similarly by chanting this switch mantra, we are able to grasp the essence of the book and understand the depth of the subject.

- Whatever text or book you want to study, take it in hand, concentrate on your Agya chakra and chant this switch mantra 11 times. The subject will be easy to understand. Repeat this process whenever you sit to study.

- You can also chant it with Switch Mantra -14 "Aim" in this way-

**Om Aim Granth Beej Swarupāyai Namah**

# स्विच मन्त्र 16

स्विच मंत्र-16 इस प्रकार है-

ॐ ग्रंथ बीजस्वरूपायै नमः

किसी भी विषय के गहन अध्ययन के लिये, शोध के लिये, किसी विषय की विस्तृत ज्ञान प्राप्ति के लिये यह स्विच मंत्र विशेष रूप से लाभकारी है।

इस स्विचमंत्र में हम पूरे ग्रंथ या पुस्तक के बीज रूप को नमन करते हैं। जिस प्रकार एक बीज द्वारा पूरे वृक्ष को पाया जा सकता है, वैसे ही इस स्विच मंत्र के जाप से हम पुस्तक के सार को ग्रहण कर पाते हैं और विषय की गहराई को समझ सकते हैं।

- जिस भी ग्रंथ या पुस्तक का अध्ययन करना हो, उसे हाथ में लें, अपने आज्ञा चक्र पर ध्यान केंद्रित करें और इस स्विच मंत्र का 11 बार जाप करें। विषय को समझने में सरलता रहेगी। जब भी अध्ययन करने बैठे, इस प्रक्रिया को दोहरायें।
- आप स्विच मंत्र 14 "ऐं" के साथ भी इसका इस प्रकार से जाप कर सकते हैं-

ॐ ऐं ग्रंथ बीज स्वरूपायै नमः

# Switch Mantra 17

The Switch Mantra- 17 is a very powerful & useful mantra for those who are appearing for competitive exams. This mantra helps in any field of life, where you want to come out the best.

The Switch Mantra - 17 is

**Shri Purushottam - Mahā Purushottam - Mahā Mahā Purushottam**

'Purushottam' means 'Supreme person' or 'Supreme Being', it is also one of the names of Lord Vishnu. The meaning of 'Purush' is also the 'Higher Self' or 'Atma' and thus, Purushottam means the highest of the Higher self.

'Shri' means prosperity, brilliance, Saraswati, power.

'Maha' means 'great' or 'greater'.

Thus, this switch mantra helps us to connect with the highest of our true & higher self by attaining 'Shri' (brilliance) by the blessings of Shri (Saraswati). It provides us with grace, wisdom, knowledge, brilliance, power and intelligence and adds purity, radiance and depth to our thoughts.

True knowledge is that guides us through all three -physical, mental and spiritual dimensions. This switch mantra helps us to become better on all the three dimensions.

**Shri Purushottam - Maha Purushottam - Maha Maha Purushottam**

By regular chanting of this mantra, one becomes sharper, focused, brighter and develops a better personality, and attains great success in life.

# स्विच मन्त्र 17

स्विच मन्त्र सीरीज़ का सत्रहवां मन्त्र प्रतियोगी परीक्षा में भाग लेने वालों के लिये है। जीवन में किसी भी क्षेत्र में जहां आप सर्वश्रेष्ठ रहना चाहते हों, वहां इस मंत्र का जाप बहुत ही लाभदायक सिद्ध होता है।

यह स्विच मंत्र इस प्रकार है -

**श्री पुरुषोत्तम - महा पुरुषोत्तम - महा महा पुरुषोत्तम**

'पुरुषोत्तम' का अर्थ है - जो पुरुषों में सबसे उत्तम या सर्व-श्रेष्ठ हो, यह विष्णु का नाम भी है। 'पुरुष' का अर्थ Higher self या आत्मा भी है | इस प्रकार पुरुषोत्तम आत्मा का सर्वोच्च व श्रेष्ठतम स्वरूप भी है|

'श्री' का अर्थ है – आलोक, समृद्धि, सरस्वती।

'महा' का अर्थ है - सबसे श्रेष्ठ, महान।

इस प्रकार, यह स्विच मंत्र 'श्री' (माँ सरस्वती) की कृपा से श्रेष्ठता प्रदान कर हमें हमारी आत्मा के सर्वोच्च व सच्चे स्वरूप से जोड़ता है | हमारे भीतर तेज, बल, सद्बुद्धि, ज्ञान, कुशाग्रता को बढ़ा कर, हमारी विचार-शक्ति को पवित्रता, कांति और गहराई प्रदान है।

सच्चा ज्ञान वो ही है जो हमे तन से, मन से और आत्मा के तल में हमे सही राह दिखाए। श्री पुरुषोत्तम हमें हमारे तीनो तल में सर्वश्रेष्ठ बनने के लिये प्रेरित करते हैं। इसलिए ये स्विच मंत्र, न केवल भौतिक स्तर पर, बल्कि मानसिक और आध्यात्मिक स्तर पर व्यक्ति को श्रेष्ठ बनाता है |

इस स्विच मंत्र के नियमित जाप के द्वारा आप बुद्धि में प्रखरता, ध्यान में एकाग्रता, व्यक्तित्व में श्रेष्ठता और जीवन में सफलता को पा सकते हैं |

# Switch Mantra 18

This Switch Mantra is the Shadakshar Mantra of Siddhivinayak Ganesh ji. This mantra eliminates ignorance, and removes all the obstacles in knowledge and wisdom.

Parents who are worried about their children's studies, or whose children are facing lots of hindrances in studies, they can chant this mantra to clear the obstacles coming in the studies of their children.

Switch Mantra 18 is as follows:

**Megholkāya Swaha**

Regular chanting of this mantra helps in fulfilling wishes as well as provides fame, knowledge and intellectual power. This switch mantra is very useful for the students. By chanting this mantra, their intellectual capacity and memory power enhances and along with this, the path of education naturally follows in the right direction.

# *स्विच मन्त्र 18*

यह स्विच मंत्र सिद्धिविनायक गणेश जी का षड्क्षर मंत्र है। ये मंत्र अज्ञानता मिटाने वाला, और ज्ञान में आ रही बाधाओं को दूर करने वाला है। जो माता-पिता अपने बच्चों की पढ़ाई को लेकर चिंतित रहते हैं, अथवा जिनके बच्चों की पढ़ाई में बाधा आ रही है, तो वे माता-पिता इस मंत्र का जाप करके बच्चों के पढ़ाई में आ रही बाधाओं को दूर कर सकते है◌ै◌ं।

स्विच मंत्र 18 इस प्रकार है:

**मेघोल्काय स्वाहा**

इस मंत्र का नियमित जाप हमारी मनोकामना को सिद्ध करने के साथ-साथ यश,ज्ञान व बौद्धिक शक्ति प्रदान करता है। विद्यार्थियों के लिये यह स्विच मंत्र अत्यंत उपयोगी है। इस मंत्र का जाप करने से उनकी बौद्धिक क्षमता व स्मरण शक्ति बढ़ती है और साथ ही शिक्षा का मार्ग स्वत: ही सही दिशा की ओर प्रशस्त होता है।

# SWITCH MANTRA FOR HEALTH

"

SWITCH MANTRA IS A GATEWAY TO A HEALTHIER, HAPPIER YOU. IT'S NOT JUST A SOUND, IT'S A POWERFUL TOOL TO TAKE CHARGE OF YOUR HEALTH AND WELLBEING.

# Switch Mantra 19

This mantra of the Switch mantra series is one of the most effective and miraculous mantras for attaining freedom from diseases, for attaining longevity and destroying all forms of misery.

Switch mantra - 19 is:

**Om Joom Sah Maam Paalay Paalay Sah Joom Om**

This mantra is also known as "Laghu Mrityunjaya Mantra". "Mahamrityunjaya mantra" is revered as the most potent Mahamantra in the scriptures like Shivpuran, Narayanopanishad and Mantrasaar etc. It is considered to be the most powerful mantra of Lord Shiva. This mantra has various forms and various names. Switch mantra-19 is the 'Dashakshari' Mrityunjaya mantra. It is said to be quite beneficial for mental, emotional and physical health. Mrityunjaya is a unification of two words – 'Mrityun' means 'Death' and 'jaya' means 'victory', thus, 'mrityunjaya' means 'the one who victor the death'. This mantra provides a happy, long life by destroying all kinds of ailments & miseries.

**Special Note**

If you are doing this mantra not for yourself but for your loved one, then replace the word '**Maam**' with the name of the person, for whom you are reciting the mantra.

For e.g. **Om Joom Sah (Person's Name) Paalay Paalay Sah Joom Om**

# स्विच मन्त्र 19

स्विच मन्त्र सीरीज़ का यह मंत्र रोगमुक्ति के लिये, दीर्घायु होने के लिये, कष्टों से मुक्ति पाने के लिये अत्यंत प्रभावशाली और चमत्कारी मंत्र है। मंत्रों में मृत्युंजय मंत्र को दैहिक, दैविक और भौतिक पीड़ा हरने वाला कहा जाता हैं।

स्विचमन्त्र -19 इस प्रकार है:

**ॐ जूं स: माम् पालय पालय स: जूं ॐ**

इस मन्त्र को "लघु मृत्युंजय मंत्र" के रूप में भी जाना जाता है। शिवपुराण, नारायणणोपनिषद एवं मंत्रसार आदि ग्रंथों में "महामृत्युंजय मंत्र" को 'सर्वोत्तम' महामंत्र' की संज्ञा दी गई है और इसे भगवान शिव का सबसे बड़ा मंत्र माना जाता है। इस मंत्र के कई रूप और नाम हैं। यह स्विचमंत्र दशाक्षरी मृत्युंजय मंत्र है।

इस मंत्र के बीज अक्षरों में विशेष शक्ति मौजूद है। मृत्युंजय का अर्थ है-मृत्यु पर विजय। ये मंत्र रोग-शोक का नाश कर दीर्घायु प्रदान करने वाला है।

विशेष नोट :

**ॐ जूं स: माम् पालय पालय स: जूं ॐ**

स्वयं के लिए इस मंत्र का जप इसी तरह होगा, जबकि किसी अन्य व्यक्ति के लिये यह जप किया जा रहा हो तो 'माम्' के स्थान पर उस व्यक्ति का नाम लेना होगा -

**ॐ जूं स: (व्यक्ति का नाम) पालय पालय स: जूं ॐ**

# Switch Mantra 20

This mantra of the Switch Mantra series is the most powerful and miraculous mantra to get rid of a disease. This mantra is part of mrityunjay vidya to eliminate disease and enemies. We can use it as a Healing Mantra.

Switch Mantra 20 is:

**Om Joom Sah (Disease name) Nāshay Nāshay Sah Joom Om**

Switchmantra-20 is the Mrityunjaya Mantra for liberation from any particular disease.

The beej syllable of this mantra contains a very special power. Mrityunjaya means victory over death. This mantra is supposed to destroy disease and provide longevity.

# स्विच मन्त्र 20

किसी भी रोग दूर करने के लिए स्विच मंत्र 20 अत्यंत ही प्रभावशाली और शक्तिशाली हीलिंग मंत्र है। यह मंत्र रोग व शत्रुनाश के लिये 'मृत्युंजय विद्या' का हिस्सा है। हम इसका प्रयोग "हीलिंग मंत्र" के रूप में कर सकते हैं।

स्विचमन्त्र -20 इस प्रकार है :

**ॐ जूं स: (रोग का नाम) नाशय नाशय स: जूं ॐ**

यह स्विच मंत्र किसी भी विशेष रोग से मुक्ति के लिए बहुत प्रभावशाली लघु मृत्युंजय मंत्र है।

# Switch Mantra 21

This mantra is the mantra of Sun God. This is a very effective mantra based on the science of Surya (Sun God) taken from the Saur Tantra.

Switch Mantra-21 is as follows:

**Om Ghrunih Surya Aditya**

By chanting this mantra of Suryadev, the God of vigour and vitality one gets liberated from any disease within a few days. By chanting this mantra, one gets rid of mental ailments like anxiety, stress, depression, negative thinking etc.

Advance Uses of Switch Mantra-21

**Rog mukti Prayog**

(RITUAL TO FREE FROM DISEASES)

Considering Sun God as Param Brahma, meditation of Sadashiv is done in him only. In this ritual, the Ajapa mantra is chanted at the time of sunrise. 'Hansah '- this two-syllable Ajpa mantra is like a 'Kalp vriksh' (wish-fulfilling tree) for a seeker.

- First of all, keep water in a vessel. And while chanting the mantra 'Hansah', concentrating on your Ajna Chakra, meditate on Ardhanarishvara Sadashiva.
- Cover the vessel with your left hand, energize it by chanting the mantra "Hansah" 108 times.

- Remembering the God Sun; take bath with this energized water while chanting the Ashtakshara mantra of the Sun "**Om Ghrunih Surya Aditya**".
- This makes the seeker healthy and fit. And also provide him longevity, agility and glory. It burns all the negativity in the body.

# स्विच मन्त्र 21

स्विच मंत्र-21 हमारा मंत्र सूर्य देव का मंत्र है। सौर तंत्र से लिया गया सूर्य विज्ञान पर आधारित यह अत्यंत ही प्रभावशाली मंत्र है।

स्विच मंत्र-21 इस प्रकार है :

**ॐ घृणि: सूर्य आदित्य**

शक्ति और आरोग्य के देवता सूर्यदेव के इस मंत्र के जप से किसी भी रोग से कुछ ही दिनों में मुक्ति मिल जाती है। इस मंत्र के जप से चिंता, तनाव, अवसाद, नकारात्मक सोच आदि मानसिक व्याधियों से छुटकारा मिलता है।

## स्विच मंत्र-21 के लिये विशिष्ट प्रयोग

### रोगमुक्ति प्रयोग

सूर्य देव को परम् ब्रम्ह मानते हुए, उसमे ही सदाशिव का ध्यान किया जाता है। इस प्रयोग में अजपा मन्त्र का जाप किया जाता है, सूर्योदय के वक़्त। 'हंस:" ये दो अक्षर का अजपा मन्त्र, साधक के लिए कल्पवृक्ष जैसा है।

- सबसे पहले, एक पात्र में जल भर कर रखें। और 'हंस:" मन्त्र का जाप करते हुए, अपने आज्ञा चक्र पर ध्यान केंद्रित कर, अर्धनारीश्वर सदाशिव के ध्यान करे।
- अपने बांये हाथ से पात्र को ढंककर, 108 बार "हंस:" मन्त्र से अभिमन्त्रित करे।
- उस जल से सूर्य का स्मरण करते हुए, सूर्य का अष्टाक्षर मंत्र "ॐ घृणि सूर्य आदित्य" का जाप करते हुए स्नान करे।
- इससे साधक निरोग होता है, इतना ही नही वह अनंत आयु, आरोग्य और वैभव प्राप्त करता है। शरीर की सारी नकारात्मकता को वो जला देता है।

# Switch Mantra 22

This mantra of the switch mantra series is a highly effective mantra, which is very useful in acquiring disease free, healthy and prosperous life. Regular chanting of this switch-mantra helps you in getting rid of all kinds of diseases and also enhances your Immunity.

The Switch mantra-22 is as follows:

**Om Hoom Vishnave Namah**

The chanting of 'Om' develops new energy in the body and pulsates the various organs of the body.

While chanting 'Vishnave Namah', We bow down to Lord Vishnu, who is known as the supreme deity and preserver of the entire world. Sri Hari Vishnu is the protector and preserver of this whole creation. Daily recitation of this mantra leads to the destruction of all the troubles of life and we are blessed with prosperity & abundance.

The chanting of 'Hoom' activates the flow of Pranas from the navel-center and increases the immunity power of the body.

By chanting the switch mantra 'Om Hoom Vishnave Namah', the Vaishavanar Agni (the life providing fire energy) begins to flow throughout the entire body.

Thus, the Switch Mantra **'Om Hoom Vishnave Namah'** increases our life force energy and strengthens the immunity of our body. Chanting this mantra removes all kinds of physical problems and helps in getting rid of incurable diseases and the person attains good health and prosperity.

# स्विच मन्त्र 22

स्विच मन्त्र सीरीज़ का यह मन्त्र बहुत ही उपयोगी मन्त्र है, जो अरोग्यता, स्वास्थ्य और सम्पन्नता प्रदान करने वाला और हमारी रोग प्रतिरोधक क्षमता (immunity) को बढ़ाने वाला है | इस स्विच-मंत्र के नियमित जाप से सभी प्रकार के रोगों से छुटकारा मिलता है।

स्विचमन्त्र -22 इस प्रकार है :

**ॐ हूं विष्णवे नमः**

**(Om Hoom Vishnave Namah)**

'विष्णवे नमः' के उच्चारण में हम विष्णु जी को नमन करते हैं, जो सम्पूर्ण विश्व की सर्वोच्च शक्ति तथा नियन्ता के रूप में मान्य हैं।

'हूं' का उच्चारण नाभि-केंद्र से प्राण-शक्ति को जागृत करता है, जिससे शरीर की रोग-प्रतिरोधक (immunity) क्षमता बढ़ती है |

'ॐ हूं विष्णवे नमः' मंत्र के उच्चारण से वैष्वाणर अग्नि (जीवंत रखने वाली अग्नि) सारे शरीर में विचरण करने लगती है!

इस प्रकार स्विच मन्त्र **'ॐ हूं विष्णवे नमः'** हमारी प्राण-शक्ति को बढ़ा कर हमारी रोग-प्रतिरोधक क्षमता (immunity) को शक्तिशाली बनाता है | इस मंत्र के जाप से शारीरिक कष्ट दूर होते हैं और असाध्य रोगों से भी छुटकारा मिलता है और व्यक्ति संपन्न व निरोग रहता है।

# SWITCH MANTRA FOR ENHANCE BEAUTY

"

RECITING BEAUTY SWITCH MANTRAS NOT ONLY ENHANCES YOUR OUTER APPEARANCE BUT ALSO NOURISHES YOUR INNER BEAUTY.

"Let the world see the radiance in your soul with the chanting of switch mantras. Reciting Beauty Switch mantras not only enhances your outer appearance but also nourishes your inner beauty."

# Switch Mantra 23

The 23rd mantra of the Switch Mantra series is a beautiful mantra for mental peace and contentment. This is mentioned as "Sundari Mantra" in Srividya.

Switch Mantra 23 is –

**HREEM-SHREEM-KLEEM**

"Hreem" brings solar light and space to all chakras. This is usually connected with the heart center and invokes deep peace in the spiritual heart.

"Shreem" provides nurturing and cooling lunar energy to all chakras. It invokes the feeling of completeness in the heart center.

"Kleem" provides magnetic and emotional energy to all chakras. It draws water energy to the chakras and brings a feeling of fulfillment

Thus, the chanting of Switch Mantra "Hreem-Shreem-Kleem" makes our body radiant & energised and enhances our immune system. Also by increasing our internal powers, it brings a deep sense of peace in our spiritual heart and provides the feeling of completeness, contentment, peace, fulfillment and happiness.

# स्विच मन्त्र 23

स्विच मन्त्र सीरीज़ का यह मन्त्र बहुत ही सुंदर मन्त्र है, जो मन को शांति व संतुष्टि प्रदान करने वाला और चेहरे को सुंदरता प्रदान करने वाला है। श्रीविद्या में "सुन्दरी मन्त्र" के नाम से इस मन्त्र की महिमा को वर्णित किया गया है।

स्विचमन्त्र 23 है –

**ह्रीं श्रीं क्लीं**

"ह्रीं" शरीर के सभी चक्रों को सूर्य और आकाश तत्त्व की ऊर्जा प्रदान करता है और मुख्यत: हृदय केंद्र से जुड़ा है। यह हृदय के आत्मिक केंद्र में गहन आध्यात्मिकता का आह्वाहन करता है।

"श्रीं" चक्रों को चन्द्र की पोषक और शीतल ऊर्जा प्रदान करता है। यह हृदय केंद्र में पूर्णता के भाव का आह्वाहन करता है।

"क्लीं" सभी चक्रों को भावनात्मक और आकर्षण की ऊर्जा प्रदान करता है। यह जल तत्त्व की ऊर्जा को प्रवाहित करने वाला है। यह संतोष की भावना प्रदान करता है।

इस प्रकार स्विच मन्त्र "ह्रीं श्रीं क्लीं" शरीर में तेजस और ओजस बढ़ा कर हमारी रोग-प्रतिरोधक क्षमता (immunity) को शक्तिशाली बनाता है। यह हमारी आंतरिक शक्तियों को बढ़ा कर हमारे हृदय के आत्मिक केंद्र को गहन शान्ति प्रदान करता है, जिससे सम्पूर्णता, संतोष और आनन्द की अनुभूति होती है, तन और मन दोनों सुंदर बने रहते हैं।

# Switch Mantra 24

This Switch Mantra is for increasing charm, elegance and grace. Regular chanting of this Matrika Mantra, enhances beauty. This mantra can be done by both men and women. This switch mantra makes the person naturally beautiful and physically attractive by adding magnetism and radiance in the face and body.

Switch Mantra - 24 is:

**Om Shreem Yam**

'Shree' means - beauty, excellence, dignity, power. 'Shree' provides nourishing and cooling energy of the moon to all the chakras. It invokes a sense of wholeness in the heart center.

"Yam" signifies Ayurveda 'Rasa Dhatu' in the body. It produces healthy plasma.

By adding "Shreem" Shakti Beej with "Yam" it starts enhancing the radiance, health, beauty, strength, immunity.

Due to which the beauty and radiance is increased in manifolds.

And the chanting of "Om" Pranava, combined with the energy of Shreem, strengthens, energises and increases immunity.

Thus, continuous chanting of this switch mantra "Om Shreem Yam" leads to the growth of Ojas and Tejas energy, which leads to the attainment of beauty, radiance and good health.

# स्विच मन्त्र 24

स्विच मन्त्र सीरीज़ का यह मन्त्र तेज और सुन्दरता को बढ़ाने वाला है। ये मातृका मंत्र है, जिसके नियमित जाप से सुंदरता मिलती है। यह मंत्र केवल महिलायें ही नहीं पुरुष भी कर सकते हैं। ये स्विचमंत्र व्यक्ति के चेहरे में ओज और तेज बढ़ा के स्वाभाविक एवं शारीरिक रूप से भी सुंदर बना देता है।

स्विचमन्त्र - 24 है –

**ॐ श्रीं यं**

'श्री' का अर्थ है – सौन्दर्य, श्रेष्ठता, गरिमा, शक्ति। "श्रीं" चक्रों को चन्द्र की पोषक और शीतल ऊर्जा प्रदान करता है। यह हृदय केंद्र में पूर्णता के भाव का आह्वाहन करता है।

"यं" शरीर में आयुर्वेदिक 'रसधातु' का द्योतक है। यह स्वस्थ प्लास्मा (plasma) का निर्माण करता है।

यं के साथ श्रीं शक्ति बीज को जोड़ने से यह रसधातु में तेज, स्वास्थ्य, सुन्दरता और शक्ति को बढ़ाने लगता है।

जिससे सौन्दर्य और तेज कई गुणा बढ़ता जाता है।

और "ॐ" प्रणव का जाप श्रीं की ऊर्जा से मिलकर रस धातु को पुष्ट करता है और रोग-प्रतिरोधक क्षमता को बढ़ाता है।

इस प्रकार, स्विच-मन्त्र "ॐ श्रीं यं" के निरंतर जाप से ओजस और तेजस ऊर्जा बढ़ने के कारण व्यक्ति को सुन्दरता, तेज और स्वास्थ्य की प्राप्ति होती है।

# Switch Mantra 25

This is a very beautiful mantra to make the face charming, graceful and glowing.

Switch Mantra-25 is as follows-

**Om Lam Vam Lāvanyāy Namah**

The 'Lam' beej belongs to the Muladhara/Root Chakra and represents the earth element.

The 'Vam' beej is of the Swadhisthana/Sacral Chakra and represents the water element.

Muladhara and Swadhisthana chakras increase the Ojas energy in our body. If there is Ojas energy on our face then the face looks lovely and graceful. This switch mantra is to enhance the glow in the face and adds to the natural beauty.

# स्विच मन्त्र 25

चेहरे को सुंदर, चमकदार और लावण्यमय बनाने से लिए बहुत ही सुंदर मंत्र है।

स्विच मंत्र-25 इस प्रकार है-

**ॐ लां वं लावण्याय नमः**

'लं' बीज मूलाधार चक्र का है और यह पृथ्वी तत्व का प्रतिनिधित्व करता है।

'वं' बीज स्वाधिष्ठान चक्र का हैं और जल तत्व का प्रतिनिधित्व करता है।

मूलाधार और स्वाधिष्ठान चक्र हमारे शरीर पर ओजस ऊर्जा को बढ़ाते हैं। ओजस ऊर्जा यदि हमारे चेहरे पर हो तो चेहरा लावण्यमय दिखता है। यह मंत्र चेहरे में चमक को बढ़ा कर और प्रीतिकर बनाकर प्राकृतिक सौंदर्य को निखारने वाला है।

# SWITCH MANTRA FOR CONCEIVING

"

THE SWITCH MANTRA FOR CONCEIVING CONNECTS YOU WITH THE DIVINE FEMININE ENERGY AND NURTURES THE MIRACLE OF LIFE WITHIN YOUR WOMB.

# Switch Mantra 26

This mantra of the Switch Mantra series is very effective for those who are facing issues in conceiving. This mantra is blessed with the energy of Maa Kushmanda.

After marriage, if a couple is unable to bear a child for a few years, then the chanting of this mantra proves to be very effective.

Switch Mantra-26 is as follows:

**Om Hreem Jagatprasutyai Namah**

According to Shrimad Devi Bhagwat Purana, Maa Kushmanda represents the creation of the entire universe, hence she is called Adi Swarupa or Adishakti of the universe. By chanting this mantra of Maa Kushmanda, the person is blessed with a child and good fortune.

# स्विच मन्त्र 26

स्विच मंत्र सीरीज़ का यह मंत्र मां कूष्मांडा का संतान प्राप्ति मंत्र है।

शादी के पश्चात् यदि कुछ वर्ष तक संतान प्राप्ति न हो, तो इस मंत्र का जाप बहुत प्रभावशाली सिद्ध होता है।

स्विच मंत्र-26 इस प्रकार है :

**ॐ ह्रीं जगत्प्रसूत्यै नमः**

श्रीमद देवीभागवत पुराण के अनुसार, मां कूष्मांडा सृष्टि के सृजन स्वरूप का प्रतिनिधित्व करती हैं, इसलिए उन्हें सृष्टि की आदि स्वरूपा या आदिशक्ति कहा गया है। देवी कूष्मांडा के इस मंत्र के जाप से संतान और सौभाग्य की प्राप्ति होती है।

# SWITCH MANTRA FOR RELATIONSHIP

"

ENRICH YOUR RELATIONSHIPS BY AWAKENING A SENSE OF INNER PEACE, LOVE AND HARMONY WITH THE MYSTICAL POWER OF SWITCH MANTRAS.

# Switch Mantra 27

This is a very beautiful switch mantra to improve mutual relations and make them happy, peaceful and harmonious.

Switch Mantra 27 is as follows -

**Kāmi -Kāmpradah- Ānand**

'Kāmi' is the name of Lord Vishnu and also used for Lord Shiva.

'Kāmpradah' means one who fulfills desires.

'Anand' means happiness or bliss of the mind.

The fulfillment of desire gives pleasure, whereas in the state of bliss all our desires begin to come to fruition and all our tasks start getting accomplished.

If there is stagnation in the relationship and one experiences a constant feeling of ignorance or negligence; then chanting this mantra will help miraculously.

"Kāmi – Kāmpradah – Anand", these three words are also the names of Shri Hari. When you wish to make your relationships joyful, loving and harmonious, then chant this switch mantra and by the grace of Shri Hari, your wish will soon be fulfilled.

Thus, this switch mantra is very effective and its continuous chanting manifests your desires quickly.

Along with chanting 108 times daily, whenever possible during the day, keep chanting it mentally. To experience optimum results, chant this switch mantra for at least 40 days.

# स्विच मन्त्र 27

आपसी संबंधों को सुधारने के लिए और उन्हें मधुर बनाने के लिए यह अत्यंत ही सुंदर स्विच मंत्र है।

स्विच मंत्र- 27 इस प्रकार है -

**कामी - कामप्रद: - आनन्द**

'कामी' भगवान विष्णु का एक नाम है और भगवान शिव के लिये प्रयुक्त होने वाला विशेषण भी है।

'कामप्रद:' का अर्थ है – कामना को पूर्ण करने वाला।

'आनन्द' का अर्थ है – मन का सुख।

जहां कामना की पूर्ति आनन्द देती है, वहीं आनन्द की अवस्था में हमारी सभी कामनायें फलीभूत होने लगती हैं और हमारे सभी कार्य सिद्ध होने लग जाते हैं।

संबंधों में यदि नीरसता आ रहे हो अवहेलना या उपेक्षा की अनुभूति हो रही हो, तो इस मंत्र का जाप चमत्कारिक रूप से काम करता है।

"कामी – कामप्रद: - आनन्द", ये तीनों ही श्रीहरि के नाम भी हैं। जब आप किसी के साथ भी अपने संबंधों को मधुर, प्रेम पूर्ण बनाने की कामना करते हैं और इस स्विच मंत्र का जाप करते हैं, तो श्री हरि की कृपा से शीघ्र ही आपकी मनोकामना पूर्ण होती है।

इस प्रकार, ये स्विचमन्त्र अति प्रभावशाली है और इसका निरंतर जाप हमारी मनोकामनाओं को शीघ्र परिपूर्ण करता है।

रोज 108 बार जप करने के साथ-साथ दिन में जब भी सम्भव हो, इसका मानसिक जप करते रहें। पूर्ण प्रभाव की प्राप्ति के लिये कम से कम 40 दिन इस स्विचमन्त्र का जाप करें।

# Switch Mantra 28

This Switch mantra is an easy, beautiful and very effective mantra for soothing one's anger.

Switch Mantra 28 is:

**Shāntam Pāpam**

"Shāntam" means Quiet, Peace or state of calmness. "Shanti" is that state of peace, love and belongingness, where there is no place for anger or animosity.

And "Pāpam" means a Sin or wrongful action. So, "Shāntam Pāpam" means calming the sinful action.

This switch mantra when chanted with the right kind of emotions and feeling can soothe the anger, stabilize the disturbed mind and pacify the angry person. This mantra creates peaceful and loving relations by eliminating the feelings of hatred and animosity.

The more one chants this mantra, the more peaceful, positive & happy one feels. One can chant this mantra for others too. One can mentally chant this mantra, while visualising an angry person (your partner, friend, parents, boss etc.), this will help in soothing their anger and calming them down. The regular chanting of this mantra creates loving relations among the family members and brings peace and harmony in the family.

# स्विच मन्त्र 28

स्विच मन्त्र सीरीज़ का यह मन्त्र क्रोध को शांत करने वाला है। यह मंत्र जितना सुंदर और सरल है, उतना ही प्रभावशाली है।

स्विच मंत्र-28 इस प्रकार है –

### शांतम् पापम्

'शांतम्' का अर्थ है – नि:शब्दता और मन की स्थिरता। शांति मधुरता और भाईचारे की अवस्था है, जिसमें वैर अनुपस्थित होता है।

'पापम्' का अर्थ है –अनुचित व्यवहार।

इस प्रकार "शांतम् पापम्" स्विच मन्त्र क्रोध को शांत करने वाला, विचलित मन को स्थिर करने वाला ,किसी भी अनुचित व्यवहार को मिटाने वाला है। यह वैर भाव को मिटा कर संबंधों में प्रेम व मधुरता को बढ़ाता है।

"शांतम् पापम्" के निरंतर जाप से क्रोध दूर होता है और मन शांत होता है।

आप इसका जाप दूसरों के लिये भी कर सकते हैं। जब कोई व्यक्ति बहुत क्रोध में हो, तो मन ही मन इस स्विचमंत्र का जाप करें। उसका क्रोध शांत हो जायेगा। इसके जाप से विचलित व्यक्ति के मन को भी शांत किया जा सकता है। इस के नियमित जाप से आपसी संबंध मधुर होते हैं और घर में सुख-शांति का वास होता है।

# Switch Mantra 29

This is a very effective switch mantra for family disharmony and domestic violence. Many people have anger issues due to which there is constant irritation and disharmony among family members. This switch mantra not only pacifies one's anger, but also helps in pacifying the anguish, irritation of all the family members.

Switch Mantra-29 is as follows -

**Om Shānte Prashānte Sarvakrodhopashmani Swāhā**

### ADVANCE USES OF SWITCH MANTRA-29

- Energise water while chanting this Switch Mantra 108 times. If you have energised it for yourself, then gargle with this water and if it is for others, then give this water to them to drink.
- Do this remedy continuously till the problem is resolved. You will get good results soon.

# स्विच मन्त्र 29

पारिवारिक कलह और घरेलू हिंसा को दूर करने के लिए यह अत्यंत प्रभावशाली स्विच मंत्र है। कई लोग स्वभाववश क्रोधी होने के कारण चिड़चिड़े हो जाते है◌ै◌ं, जिसके कारण परिवार में क्लेश बढ़ते हैं। यह स्विच मंत्र आपके क्रोध को तो शांत करता ही है, साथ ही घर के अन्य सदस्यों का भी क्रोध शांत करने में मदद करता है।

स्विच मंत्र-29 इस प्रकार है -

**ॐ शान्ते प्रशांन्ते सर्वक्रोधोपशमनि स्वाहा**

## स्विच मंत्र-29 का विशिष्ट प्रयोग

- स्विच मंत्र सीरीज के इस उनतीसवें मंत्र का 108 बार जाप करते हुये जल को अभिमन्त्रित करके उस जल से, अगर खुद के लिये है तो कुल्ला करें, और दूसरे के लिये है तो ये जल उसे पीने को दें।
- ये प्रयोग समस्या समाप्त होने तक निरंतर करें। आपको शुभ परिणाम जल्द मिलेंगे।

# Switch Mantra 30

The 30th mantra of Switch Mantra series is for calmness and serenity of mind.

Switch Mantra-30, the beautiful mantra of Chandra Dev (Moon God) is:

**Om Chandrāya Namah**

Many times it so happens that irritability becomes the nature of the person and this creates too many rifts in the relationship. In such cases, chanting this mantra helps in increasing the flow of cooling energy within the person. Their anger begins to subside and the instabilities of the mind are resolved. Along with increasing the power of the mind, this mantra also enhances the memory power.

It is a very beautiful mantra for making the relationships peaceful and harmonious by shifting the mental state of the person to be calm and composed.

# स्विच मन्त्र 30

स्विच मंत्र सीरीज़ का 30वां मंत्र मन को शांत करने वाला और इसे शीतलता प्रदान करने वाला है।

स्विच मंत्र-30 चंद्र देव का सुंदर मंत्र है:

ॐ चंद्राय नमः

कई बार ऐसा होता है कि व्यक्ति के स्वभाव में चिड़चिड़ापन आ जाता है और यह संबंधों में अनबन का कारण बन जाता है।

ऐसे में, इस मंत्र का जाप करने से व्यक्ति के भीतर शीतल ऊर्जा का प्रवाह बढ़ता है। उसका क्रोध शांत होता है और मन की उलझनें सुलझती हैं। यह मंत्र मन की शक्ति बढ़ाने के साथ-साथ स्मरण शक्ति को भी बढ़ाता है। व्यक्ति के स्वभाव को शीतलता प्रदान कर संबंधों को अच्छा बनाने वाला अत्यंत प्रभावशाली मंत्र है।

# Switch Mantra 31

This switch mantra is a delightful and beautiful mantra of the switch mantra series. This is one of the supreme mantras of Lord Krishna to enhance love and affection in life. This switch mantra is very effective to manifest all your desires.

The Switch Mantra is as follows:

**Om Kleem Krishnāye Namah**

In this mantra "Kleem" is the beej mantra of Mahakali Maa and it is also the beej mantra of Lord Krishna. The "Kleem" is also a beej mantra of desire and love. The energy of Lord Krishna is to enhance love and happiness in our lives. Chanting of this mantra helps in enhancing love, peace and happiness in the family.

This mantra is also effective for attracting a good life partner.

# स्विच मन्त्र 31

स्विच मंत्र सीरीज़ का यह मंत्र बहुत ही सुंदर और प्यारा मंत्र है !

है। जीवन में प्रेम व माधुर्य बढ़ाने के लिये भगवान श्री कृष्ण का यह अत्युत्तम मंत्र है। जीवन की सभी मनोकामनाओं की पूर्ति के लिये भी यह अत्यंत प्रभावशाली मंत्र है।

यह स्विच मंत्र है :

**ॐ क्लीं कृष्णाय नमः**

इसमें 'क्लीं' बीज महाकाली का बीज है और यह भगवान कृष्ण का भी बीज है। 'क्लीं' बीज कामना का और प्रेम का बीज है। भगवान कृष्ण की ऊर्जा हमारे जीवन में प्रेम और मधुरता बढ़ाने वाली है। इस मंत्र के द्वारा परिवार में सुख-शांति, प्रेम और संबंधों में मधुरता बढ़ती अच्छे जीवनसाथी की प्राप्ति के लिए भी यह मंत्र प्रभावशाली है।

# SWITCH MANTRA FOR MANIFESTATION

"

DISCOVER THE MYSTERY TO MANIFEST YOUR DREAM LIFE BY ALIGNING WITH YOUR HIGHEST POTENTIAL THROUGH THE TRANSFORMATIVE POWER OF SWITCH MANTRA.

# Switch Mantra 32

This mantra of the Switch mantra series is a very effective and miraculous mantra to achieve and manifest things in life.

Switch Mantra-32 is as follows:

**Om Prāptāye Namo Namah**

In this switch mantra "Prāpt" means – to get, to achieve, to attain, to find, to accomplish, to earn, to gain, to fulfill.

Whenever one desires to attain something; wishes to achieve anything in life; yearns to increase income; wants to earn or gain something; seeks all kinds of benefits in life, be it materialistic or spiritual; then chanting this switch mantra can be very effective.

- With the utterance of the word 'Prāptāye', whatever we desire in our mind while chanting this switch mantra, the message of manifesting that desire is communicated in our subconscious mind, and with its power, the paths for achieving it open up.
- Whatever you want to achieve, while visualising it, chant the switch mantra "Om Prāptāye Namo Namah".
- Whenever the thought comes in your mind about what you desire to achieve, then chant this mantra.
- By chanting this mantra more and more, you can achieve your desire very quickly.

# *स्विच मन्त्र 32*

स्विच मन्त्र सीरीज़ का यह मंत्र जीवन में कुछ पाने के लिये, कुछ manifest करने के लिये बहुत प्रभावी व चमत्कारी मंत्र है।

स्विचमन्त्र - 32 इस प्रकार है :

ॐ प्राप्ताय नमो नम:

इस स्विचमंत्र में "प्राप्त" का अर्थ है– पाना, मिलना, उपलब्धि, आय, अर्जन, लाभ, पूर्णता। जब भी आप कुछ पाना चाहते हैं; जीवन में कोई उपलब्धि चाहते हैं; आय में वृद्धि चाहते हैं; कुछ कमाना या अर्जित करना चाहते हैं; जीवन में भौतिक, आर्थिक, आध्यात्मिक सभी प्रकार के लाभ चाहते हैं; तो इस स्विचमंत्र का जाप करना अत्यंत प्रभावशाली हो सकता है।

- 'प्राप्ताय' शब्द के उच्चारण से जो भी पाने के लिये हम इस स्विचमंत्र का उच्चारण करते हैं, तो हमारे अवचेतन मन में उस वस्तु की प्राप्ति का संदेश संप्रेषित होता है, और उसकी शक्ति से हमारे जीवन में उस के आगमन के मार्ग खुलना शुरु हो जाते हैं।

- आप जो भी पाना चाहते हैं, कल्पना में उसे देखते हुये स्विचमंत्र "ॐ प्राप्ताय नमो नम:" का उच्चारण करें।

- दिन में जब भी उस वस्तु का ध्यान आये, तब इस मंत्र का उच्चारण करें।

- इस मंत्र का अधिक से अधिक उच्चारण कर आप अपनी पसंद की वस्तु को शीघ्र पा सकते हैं ।

# Switch Mantra 33

This is a very sacred and powerful mantra of Maa Kali for implementation of any tasks and for the fulfillment of the goal. This mantra inspires us to take the right action to fulfill our desires.

This is the mantra to awaken the three main powers out of the eight powers of Maa Kali

Switch Mantra Series-33 is as follows:

**Om Ichchāye Namah, Om Kriyāye Namah, Om Gyānāye Namah**

If one wishes to achieve something, but is unable to attain it and not finding the right path to achieve it, then by meditating on. the form of Maa Kali and regularly chanting this switch mantra wholeheartedly, one will get the right guidance and wisdom for manifesting the desire.

## स्विच मन्त्र 33

किसी भी कार्य के क्रियान्वयन के लिये और लक्ष्य की पूर्ति के लिये मां काली का यह अति शुभ और प्रभावशाली मंत्र है। यह मंत्र हमें अपनी इच्छाओं की पूर्ति के क्रियान्वयन के लिये प्रेरित करता है।

काली की अष्ट शक्ति में से तीन प्रमुख शक्तियों को जागृत करने का ये मंत्र है।

स्विच मंत्र सीरीज-33 इस प्रकार है :

**ॐ इच्छायै नमः, ॐ क्रियायै नमः, ॐ ज्ञानायै नमः**

यदि आप कुछ पाना चाहते हैं, आपकी कोई इच्छा है, पर आप उसे पूरा नहीं कर पा रहे हैं या आपको उसकी पूर्ति के लिए कोई मार्ग नहीं मिल रहा है, तो मां काली के स्वरूप का चिंतन करते हुये इस स्विच मंत्र का सच्चे मन से नियमित जाप करें। आपको अपनी इच्छा की पूर्ति के लिये मार्गदर्शन मिलेगा, सही दिशा का ज्ञान प्राप्त होगा।

# Switch Mantra 34

In our life, each one of us desires to own a home. This switch mantra is extremely helpful to fulfill this wish.

This Switch Mantra is as follows:

**Om Devōtthāya Namah**

The constant chanting of this mantra is effective in the following:

- If you want to buy your own house.
- If you want to buy any land, plot etc.
- If you want to build your house.

This switch mantra is very effective to buy any property. This mantra bestows one with growth and prosperity.

# स्विच मन्त्र 34

जीवन में हम सब चाहते हैं कि हमारा अपना घर हो। इस मनोकामना की पूर्ति के लिये यह स्विच मंत्र अत्यंत ही प्रभावशाली है-

ॐ देवोत्थाय नमः

इस मंत्र का निरंतर जाप निम्न प्रकार से प्रभावशाली है :

- यदि आप अपना मकान, फ्लैट खरीदना चाहते हों।
- यदि आप कोई भी भूमि, प्लॉट आदि खरीदना चाहते हों।
- यदि अपने घर का निर्माण करना चाहते हों।

अपनी जमीन-जायदाद को खरीदने के लिये यह स्विचमंत्र अत्यंत उपयोगी है। यह मंत्र हमें हर प्रकार से उन्नति व समृद्धि प्रदान करने वाला है।

# Switch Mantra 35

Switch Mantra-35 is a very beautiful and effective mantra for all the materialistic comforts.

**Om Vastram Mē Dehi Shukrāye Swāhā**

This is the mantra of Shukra Dev, who bestows magnetism, opulence, good luck, wealth, love and splendor.

By continuous chanting of this mantra, all worldly comforts, luxurious clothes, jewellery, glory and splendours are obtained. This switch mantra also enhances wealth, prosperity and abundance.

# स्विच मन्त्र 35

स्विच मंत्र सीरीज का यह मंत्र बहुत ही सुंदर और प्रभावशाली मंत्र है -

**ॐ वस्त्रं मे देहि शुक्राय स्वाहा**

यह शुक्र देव का मंत्र है, जोकि आकर्षण, ऐश्वर्य, सौभाग्य, धन, प्रेम और वैभव के कारक हैं।

इस मंत्र के निरंतर जाप से सभी सांसारिक सुख-सुविधाओं, सुंदर वस्त्रों, आभूषणों, वैभव व ऐश्वर्य की सभी सामग्रियों की प्राप्ति होती है। यह स्विच मंत्र धन संपत्ति और व्यवसाय को भी बढ़ाता है।

# Switch Mantra 36

Switch Mantra- 36, the mantra of Maa Mahalakshmi is:

**Om Karīshinyai Namah**

This mantra has been extracted from "Shri Suktam Namavali". It helps in achieving desired financial goals.

By chanting this switch mantra, of Maa Lakshmi, She showers her blessings to fulfill the financial goals by bestowing with efficiency and paving the right path.

All materialistic desires are soon manifested by the regular chanting of this switch mantra.

# स्विच मन्त्र 36

स्विच मंत्र- 36 मां महालक्ष्मी का मंत्र है-

**ॐ करीषिण्यै नमः**

"श्री सूक्तम् नामावली" से लिया गया यह मंत्र व्यक्ति को मनचाही समृद्धि प्रदान करता है।

इस स्विच मंत्र का जाप करने से लक्ष्मी मां की कृपा प्राप्त होती है और जो भी धन- समृद्धि पाने की आप कामना करते हैं, उसे प्राप्त करने के लिए मां आपको कार्य करने की क्षमता प्रदान करती हैं और उसके लिए मार्ग प्रशस्त करती हैं।

इस स्विच मंत्र के जाप से सभी भौतिक मनोकामनायें शीघ्र पूर्ण होती हैं।

# Switch Mantra 37

This switch mantra is extracted from "Shri Suktam Namavali". It is a very beautiful mantra of Mahalakshmi Maa :

**Om Annasya Yashsē Namah**

Chanting of this switch mantra bestows one with wealth, name, fame, honor, prestige and prosperity. This mantra of Maa Lakshmi grants with all kinds of materialistic and non-materialistic pleasures.

# स्विच मन्त्र 37

स्विच मंत्र सीरीज का यह मंत्र "श्री सूक्तम् नामावली" से लिया गया महालक्ष्मी मां का अत्यंत सुंदर मंत्र है-

ॐ अन्नस्य यशसे नमः

इस स्विच मंत्र के जाप से धन-धान्य, यश, कीर्ति, मान-सम्मान, प्रतिष्ठा और संपन्नता की प्राप्ति होती है। मां लक्ष्मी का यह मंत्र भौतिक और अभौतिक सभी प्रकार के सुख संसाधन प्रदान करता है।

# SWITCH MANTRA TO GET BACK LOST OBJECTS, PEOPLE OR PROPERTY

"

RECITING THE SWITCH MANTRA FOR GETTING BACK LOST OBJECTS WITH FAITH AND DEVOTION AWAKENS OUR INTUITION, STRENGTHENS OUR CONNECTION TO THE UNIVERSE AND ALLOWS US TO TAP INTO ITS INFINITE WISDOM TO GUIDE US TOWARDS OUR LOST POSSESSIONS.

# Switch Mantra 38

This Switch mantra is a very useful and effective mantra. This is an infallible mantra to get back the lost money or lost things.

This switch Mantra is as follows:

**Om Kārtvīryāye Namah**

As per the mythological references, King Kartaviryarjun of Haihaya-dynasty is considered to be an incarnation of the supreme 'Sudarshan Chakra' of Lord Vishnu. Just as the blow of Sudarshan Chakra was accurate, similarly the chanting of this 'Mahamantra' is always result oriented.

We have received miraculous results of this switch mantra in various case studies, post which we are sharing this Master Switch Mantra.

This switch mantra proves to be beneficial in all the following situations:

- To get back destroyed or lost money.
- To get back anything lost.
- To bring back the person who is lost or gone from home.
- To recover forcibly occupied land back.
- To recover the loan given.
- This switch mantra also works like a great mantra to achieve victory in property related legal matters.

# स्विच मन्त्र 38

स्विच मन्त्र सीरीज़ का यह मंत्र एक बहुत ही उपयोगी और प्रभावशाली मंत्र है। खोया हुआ धन या खोई वस्तु को वापिस पाने के लिये ये एक अचूक मंत्र है।

यह स्विचमन्त्र इस प्रकार है –

## ॐ कार्तवीर्याय नमः

पौराणिक संदर्भों के अनुसार हैहय-वंश के राजा कार्तवीर्यार्जुन भगवान विष्णु के अमित तेजस्वी 'सुदर्शन चक्र' के अवतार माने जाते हैं। जिस प्रकार सुदर्शन चक्र का वार अचूक होता था, वैसे ही इस 'महामंत्र' का जाप हमेशा प्रभावी रहता है।

बहुत सी case studies में इस मंत्र के सफल प्रयोग के पश्चात् हम इस मास्टर स्विच मंत्र को आपके साथ शेयर कर रहे हैं।

यह स्विच मंत्र निम्नलिखित सभी स्थितियों में लाभकारी सिद्ध होता है:

- नष्ट हुये या खोये धन को पाने के लिए
- खोई हुई वस्तु को वापिस पाने के लिये
- खोये या घर से गये व्यक्ति को घर वापिस लाने के लिये
- कब्जा की हुई जमीन वापिस पाने के लिए
- दिया हुआ ऋण वापिस पाने के लिये; और
- यहाँ तक कि कोर्ट में चल रहे सम्पत्ति सम्बन्धी मामलों में विजय प्राप्त करने के लिये यह स्विचमंत्र एक महामंत्र की तरह काम करता है।

# SWITCH MANTRA FOR
# HAPPINESS

"

LET THE POSITIVE VIBRATIONS OF SWITCH MANTRAS GUIDE
YOU TOWARDS A LIFE FILLED WITH HAPPINESS AND
FULFILLMENT.

# Switch Mantra 39

This Switch mantra is a very beautiful mantra

**Om Shree Sansār Sukhadāy Namah**

The chanting of this mantra blesses one with joy, happiness and all the worldly comforts. Chanting this mantra while meditating on Lord Vishnu, the preserver of the world, one can get all worldly pleasures and material comforts and it fills one with a sense of gratitude and surrenderance towards Divine.

# स्विच मन्त्र 39

स्विच मंत्र सीरीज का यह मंत्र बहुत ही सुंदर मंत्र है -

ॐ श्री संसार सुखदाय नमः

इस मंत्र का जाप आनंद, खुशियां और संसार के सभी सुख प्रदान करने वाला है। संसार के पालनकर्ता भगवान विष्णु का ध्यान करते हुए इस मंत्र का जाप करने से सभी सांसारिक सुख व भौतिक सुविधायें प्राप्त होती हैं और यह हमें परमात्मा के प्रति आभार व कृतज्ञता के भाव से भर देता है।

# Switch Mantra 40

Switch Mantra 40 is a special mantra to enhance one's zeal and enthusiasm.

**Om Um Tam Uttsāhāyai Namah**

The 'Um' mantra increases the flow of energy intensely. It awakens the heart chakra and increases blood circulation. It increases the inner power of a person and gives him strength and enthusiasm. 'Tam' expands consciousness and balances the mind.

By chanting this mantra continuously, the person remains balanced and this keeps him full of zeal and enthusiasm to perform any tasks.

# स्विच मन्त्र 40

स्विच मंत्र-40 उत्साह और उमंग को बढ़ाने वाला विशेष मंत्र है :

ॐ उं तं उत्साहायै नमः

'उं' मंत्र ऊर्जा के प्रवाह को तीव्रता से बढ़ाता है। यह हृदय चक्र को जागृत कर रक्त संचार को बढ़ाने वाला है। यह व्यक्ति की आंतरिक शक्ति को बढ़ाता है और उस को बल व उत्साह प्रदान करता है। 'तं' चेतना का विस्तार करता है और मन को संतुलित करने वाला है।

इस मंत्र का निरंतर जाप करने से व्यक्ति संतुलित रहता है और उसमें कार्य करने की उमंग व उत्साह हमेशा बना रहता है।

# Switch Mantra 41

This Switch mantra is a very effective mantra to remove all kinds of suffering and worries.

Switch mantra 41 is as follows:

**Om Tam Tam Trānāy Namah**

When there is a lot of confusion in life and one is unable to find any solution, then by chanting this mantra, all kinds of troubles are removed and one can easily get out of the difficult situations.

# स्विच मन्त्र 41

स्विच मंत्र सीरीज़ का यह मंत्र किसी भी कष्ट को, पीड़ा को दूर करने के लिए अत्यंत ही प्रभावशाली मंत्र है।

स्विच मंत्र 41 इस प्रकार है :

**ॐ तं तं त्राणाय नमः**

जीवन में जब बहुत ही उलझन की स्थिति हो और कोई भी समाधान समझ न आ रहा हो, तो इस मंत्र का जाप करने से सभी प्रकार की परेशानी दूर होती है और विषम परिस्थितियों से सरलता से बाहर निकला जा सकता है।

# SWITCH MANTRA FOR NAVGRAH SHANTI

"

AS YOU RECITE THE NAVGRAH SHANTI MANTRA, YOU UNLEASH THE COSMIC FORCES THAT GOVERN OUR EXISTENCE, AND ALIGN YOUR SOUL WITH THE UNIVERSE.

"Let the nine planets align with your soul, and witness their magic unfold."

———

# Switch Mantra 42

This is a very effective switch mantra to pacify all the nine planets and remove all the planetary ill effects.

Switch Mantra-42 is as follows:

**Om Namo Ravi Bhāskarāy Asmākam Sarva Grahānām Peedā Nāshanam Kuru Kuru Swāhā**

This is a very powerful mantra to free us from all the malefic influences of planetary positions and to remove the suffering, troubles and obstacles caused by their negative impacts.

# स्विच मन्त्र 42

सभी नव ग्रहों को शांत करने और सभी ग्रह दोषों के निवारण के लिए यह अत्यंत ही प्रभावशाली स्विच मंत्र है।

स्विच मंत्र - 42 इस प्रकार है :

**ॐ नमो रवि भास्कराय अस्माकं सर्व ग्रहाणां पीड़ा नाशनम् कुरु कुरु स्वाहा**

सभी ग्रह दोषों से मुक्त करने और उनके बुरे प्रभाव से मिलने वाले कष्टों, परेशानियों और बाधाओं को दूर कर, ग्रह पीड़ा से मुक्त रखने वाला यह है अत्यंत ही शक्तिशाली मंत्र है।

# SWITCH MANTRA FOR OVERCOME INERTIA

> "
> AS WE CHANT THE SWITCH MANTRA TO OVERCOME INERTIA, WE
> BREAK FREE FROM THE SHACKLES OF LAZINESS AND EMBRACE
> A LIFE OF ACTION

# Switch Mantra 43

Very often in life it happens that we fall prey to inertia and passivity. And despite having a strong desire, we are unable to do any work and become a victim of laziness.

Switch mantra 43 is very useful for such situation:

**Om Mahishamardini Thah Thah Swāhā**

Goddess Durga is called Mahishmardini, because she killed the demon named Mahishasura and liberated the Gods from it. Mahishasura is a symbol of ignorance within us. Ignorance of the mind and wrong choice leads us to wandering. The energy of Mahishamardini destroys the laziness and passivity of the mind and leads us towards energy, enthusiasm and growth. Transforms our will power (Ichcha Shakti) into action power (Kriya Shakti).

# स्विच मन्त्र 43

बहुत बार जीवन में ऐसा होता है कि हम जड़ता और निष्क्रियता के शिकार हो जाते हैं। और तीव्र इच्छा होते हुये भी कोई कार्य नहीं कर पाते और आलस्य का शिकार हो जाते हैं।

ऐसी ही स्थिति के लिये यह स्विच मंत्र बहुत ही उपयोगी है -

**ॐ महिषमर्दिनी ठ: ठ: स्वाहा**

महिषमर्दिनी देवी दुर्गा को कहा जाता है, क्योंकि इन्होंने महिषासुर नामक दानव को मार कर देवताओं को इससे मुक्ति दिलाई थी। महिषासुर हमारे अंदर अज्ञानता रूपी मन का प्रतीक है।

मन की अज्ञानता और गलत चुनाव ही हमें भटकाता हैं। महिषमर्दिनी की ऊर्जा मन के आलस्य और निष्क्रियता का नाश कर हमें स्फूर्ति, उत्साह और विकास की ओर अग्रसर करती हैं। हमारी इच्छा शक्ति को क्रिया शक्ति में परिवर्तित करती हैं।

# UNIVERSAL SWITCH MANTRAS

"

THROUGH THE UNIVERSAL MANTRA, WE EXPAND OUR CONSCIOUSNESS TO CONNECT WITH THE ONENESS OF THE UNIVERSE.

# Switch Mantra 44

This Switch mantra is one of the most powerful & joyful mantras.

In 'Parshuram Kalp sutra', this mantra is described as 'Naamtrayi Vidya'.

Switch Mantra 44 is :

**Anantāye Namah - Achyutāye Namah - Govindāye Namah**

"Anantāye" means " Infinite or One who is Eternal"

"Achyutāye" means "One who is Immortal"

"Govindāye" means "One who gives pleasure to senses"

"Anant, Achyut, Govind" – All three are names of Lord Vishnu.

"Anantāye Namah - Achyutāye Namah - Govindāye Namah" means we bow to the Supreme, who is eternal, immortal and the provider of all the comfort & happiness.

- This switch mantra is very effective in removing all kinds of obstacles, diseases, problems & ailments.
- When one is completely stuck & is not able to find any solution. Then chanting this switch mantra works as a miracle.
- In the state of emergency, it is the most effective way of healing and getting your issues resolved.
- We can chant this mantra in any condition and at any time, especially when one is facing the most challenging time.
- Chanting of this switch mantra helps in removing all kinds of obstacles, fears, danger and brings peace and happiness.
- Writing this switch mantra will help you get the maximum benefits of the mantra.
- Regular chanting & writing of this switch mantra grants one with miraculous results.

# स्विच मन्त्र 44

स्विच मन्त्र सीरीज़ का यह स्विचमन्त्र अत्यंत प्रभावशाली और शक्तिशाली मंत्र है |

"परशुराम कल्पसूत्र" में, इस मन्त्र का उल्लेख 'नामत्रयी विद्या' के नाम से आता है |

स्विचमन्त्र – 44 इस प्रकार से है -

**अनन्ताय नम: - अच्युताय नम: - गोविन्दाय नम:**

"अनंत" का अर्थ है – "जिसका कोई अंत न हो"

"अच्युत" का अर्थ है – "जो अटल हो, स्थिर हो"

"गोविन्द" का अर्थ है – "जो इन्द्रियों का सुख प्रदान करे"

"अनंत , अच्युत, गोविंद" – ये तीनों ही भगवान विष्णु के नाम हैं |

"अनन्ताय नम: - अच्युताय नम: - गोविन्दाय नम:" का अर्थ है, जो अनंत हैं, अटल हैं और सब सुख, खुशियाँ प्रदान करते हैं, हम उन्हें प्रणाम करते हैं |

- सब प्रकार के विघ्न-बाधाओं, रोगों, परेशानियों, कष्टों को दूर करने वाला यह एक शक्तिशाली मन्त्र है |
- इसे "नामत्रय अस्त्र" मंत्र के रूप में भी जाना जाता है, क्योंकि यह तीन नाम का अस्त्र किसी भी कष्ट को काटने में समर्थ है।
- जब हम बहुत कठिनाई में हों, कोई रास्ता दिखाई न दे रहा हो, तो यह स्विचमन्त्र चमत्कारिक रूप से काम करता है | संकट की अवस्था में, यह सही राह और समाधान दिखाने वाला है |
- हम इस मन्त्र का जाप आप किसी भी अवस्था में और किसी भी समय कर सकते हैं , विशेष रूप जब कोई संकट या कठिनाई का समय चल रहा हो |
- इस स्विचमन्त्र का जाप सब प्रकार की बाधाओं, विपत्तियों, भय को दूर कर सुख-शान्ति प्रदान करने वाला है |
- स्विचमन्त्र को लिखते रहने से इसके पूर्ण लाभ की प्राप्ति होती है | जितना अधिक आप इस स्विचमन्त्र को लिखते हैं या इसका जाप करते हैं , उतना अधिक यह प्रभावशाली होता है |

# Switch Mantra 45

This Switch Mantra is the Shakyamuni Buddha mantra. This is a very beautiful mantra that lifts you to a higher level of consciousness.

Switch Mantra 45 is:

**Om Muni Muni Mahāmuni Swāhā**

The essence of Buddhahood lies in this Buddhist mantra. This mantra is a great mantra to bring the mind to the sense of emptiness by making the mind conscious, the more intense meditation you will achieve within, if you chant it wholeheartedly.

"Om" describes the three states of mind that are consciousness, dream and sleep and even beyond the state of Turiya.

The definition of Muni is very beautiful in the words of Mahavira - Asutta Muni, (The Muni who does not sleep, it means the Muni who is always conscious towards every action).

In the state of consciousness, the seeker becomes free from attachment and aversion, pleasure and pain, karma and akarma.

And 'Mahamuni' means - a saint who is always conscious, free from the entanglement of illusion, free from the duality of the mind.

'Swaha' means to dissolve one's self and ego and merge with the Supreme.

Thus, the chanting of this switch mantra awakens our Chaitanya and takes it to the highest dimension of consciousness, where the sense of 'I' disappears and the mind attains non-duality. This switch mantra is the mantra that leads us to wisdom and enlightenment.

# स्विच मन्त्र 45

स्विचमंत्र सीरीज़ का यह मंत्र शाक्यमुनि बुद्ध मंत्र है। चैतन्य के उच्च स्तर पर ले जाने वाला यह अत्यंत सुंदर मंत्र है –

**ॐ मुनि मुनि महामुनि स्वाहा**

इस बौद्ध मंत्र में बुद्धत्व का सार निहित है। ये मंत्र मन को चैतन्य कर शून्यता के भाव मे ले जाने वाला महामंत्र है। जितना भाव से आप इसका उच्चारण करेंगे उतने गहन ध्यान को आप अंदर पायेंगे।

"ॐ" चैतन्यता की तीन अवस्था जागृत, स्वप्न और निद्रा और उसके पार जाकर तुरीया की अवस्था बताता है l

मुनि की परिभाषा महावीर के वचनों में बहुत खूबसूरत है -असुत्ता मुनि, (जो नही सोता है अर्थात् वो मुनि, जो हमेशा हर कार्य के प्रति चैतन्य रहे)।

चैतन्यता की अवस्था में साधक राग और द्वेष, सुख और दु:ख, कर्म और अकर्म से मुक्ति पाने वाला हो जाता है।

और 'महामुनि' का अर्थ है – मन के द्वैत भाव से, मायाजाल से मुक्त हो सदैव चैतन्य रहने वाला संत।

'स्वाहा' का अर्थ है – अपने मैं और अहंकार को विसर्जित कर परम तत्व में विलीन करना।

इस प्रकार, इस स्विचमंत्र का जाप हमारे चैतन्य को जागृत कर इसे चेतना के उस उच्चतम आयाम पर ले जाता है, जहाँ 'मैं' का भाव समाप्त हो जाता है और मन अद्वैत भाव को प्राप्त करता है। यह स्विच मंत्र हमें आत्मज्ञान और बुद्धत्व की ओर ले जाने वाला मंत्र है।

# Switch Mantra 46

This Switch Mantra is a shortened form of Jain Maha Mantra "Navkar Mantra". This wonderful laghu mantra is from Tribhuvan Swamini Vidya.

Switch Mantra 45 is as follows:

**Om Hreem A Si Aā U sā Namah**

It is also known as Sarva Siddhi Mantra. In this mantra 'A'rihant (those who tell the path of salvation, liberation, accomplishment), 'Si'ddha (those who attain salvation or perfection through the path of Arihant), 'Aā'charyas' (those who acquire knowledge and put it into practice). The 'U'padhaya (Up-Acharyas who are in the path of knowledge) and 'Sa'dhu (those who follow the rules and conduct their sage dharma with discipline) have been saluted. The samput of 'Hreem' beej in this mantra is going to increase its power in manifolds.

This mantra helps in fulfilling our ambitions by purifying our mind. Regular chanting of this switch mantra is the biggest self-helper in purifying our intellect and concentrating the mind and helping us overcome life's problems, difficulties, worries, obstacles.

Thus, this switch mantra "Om Hreem A Si Aā Usā Namah" is the mantra that provides all work accomplishment, self-purification and self-liberation.

# स्विच मन्त्र 46

हमारा यह स्विचमंत्र जैन महामंत्र "नवकार मंत्र" का छोटा स्वरूप है । यह लघुमंत्र त्रिभुवन स्वामिनी देवी से लिया गया है।

स्विच मंत्र 46 इस प्रकार है :

**ॐ ह्रीं अ सि आ उ सा नमः**

इसे सर्वसिद्धि मंत्र के रूप में भी जाना जाता है। इस मन्त्र में 'अ'रिहन्तों (मोक्ष, मुक्ति, सिध्दि का मार्ग बताने वालों), 'सि'द्धों (अरिहंतोके बताये मार्ग से मोक्ष या सिध्दि प्राप्त करने वालों), 'आ'चार्यों (ज्ञान अर्जन करके उसको आचरण में लाने वाले), 'उ'पाध्यायों(उप-आचार्यों जो ज्ञान के पथ में है) और 'सा'धुओं (नियमोंका पालन करके वैराग भाव से अपने साधुधर्म का आचरण करने वालों) को नमस्कार किया गया है। इस मंत्र में 'ह्रीं' बीज का संपुट इसकी धारणा शक्ति को और भी अधिक बढ़ाने वाला है ।

यह मंत्र हमारे चित्त को शुद्ध कर हमारी महत्त्वाकांक्षाओं को पूर्ण करने में सहायता करता है । इस स्विच मंत्र का नियमित जाप हमारी बुद्धि को शुद्ध और मन को एकाग्र कर हमें जीवन की समस्याओं, कठिनाइयों, चिंताओं, बाधाओं से पार पहुंचाने में सबसे बड़ा आत्म-सहायक है।

इस प्रकार यह स्विच मंत्र **ॐ ह्रीं अ सि आ उ सा नमः** सर्वकार्य सिद्धि, आत्म शुद्धि व आत्म मुक्ति प्रदान करने वाला मंत्र है ।

# Switch Mantra 47

This switch Mantra is very effective and powerful for liberation from bondage:

**Om Dāmodarāya Namah**

Whenever a person feels bound in life, feels stuck, the name "Damodara" of Lord Krishna helps to free one from all kinds of bondages. The rope with which Lord Krishna was tied by his mother Yashoda in childhood is also known as Damodar. That is why this switch mantra "Om Dāmodarāya Namah" is the one that can open all kinds of bondages, loops and gives liberation.

This mantra is also a very effective mantra to get rid of the court case and from the bondage of prison.

# स्विच मन्त्र 47

किसी भी प्रकार की बंधन मुक्ति के लिये अत्यंत ही प्रभावशाली व शक्तिशाली है स्विच मंत्र है :

### ॐ दामोदराय नमः

जब भी व्यक्ति जीवन में बंधा हुआ अनुभव करें, अटका हुआ अनुभव करें, तो भगवान कृष्ण का "दामोदर" नाम सब प्रकार के बंधनों से मुक्त करने में सहायक होता है। भगवान कृष्ण को उनकी मां यशोदा ने बाल्यकाल में जिस पाश के साथ बांधा था,उसको भी दामोदर नाम से जाना जाता है।

इसलिये यह स्विच मंत्र "ॐ दामोदराय नमः" सब प्रकार के बंधनों, पाशों को खोलने वाला और मुक्ति प्रदान करने वाला मंत्र है।

यह मंत्र कोर्ट-कचहरी के केस से और जेल के बंधन से मुक्ति प्रदान करने के लिए भी अत्यंत प्रभावी मंत्र है।

# SOME UNIQUE AND EFFECTIVE SWITCH MANTRAS

# Switch Mantra-48

When your work is stuck in any office or department and is not being done even after a lot of effort, then this switch mantra full of energy of Sudarshan Chakra proves to be very beneficial to get your work done quickly. In any of your work, whether it is related to the social sector or economic sector or is related to any government department, this mantra will remove all the obstacles coming in that work.

This switch mantra is:

**Om Sudarshanāye Hoom Phat Swāhā**

This is a very powerful mantra of the Sudarshan Chakra, the incarnation of Lord Vishnu. Before going for any stuck work, invoke Lord Vishnu and the energy of Sudarshan Chakra and then go after chanting this mantra. You will soon see the movement towards your goal.

# स्विच मंत्र -48

जब किसी ऑफिस या डिपार्टमेंट में कोई काम अटक गया हो और बहुत प्रयास के बाद भी वो काम न हो पा रहा हो, तो अपने काम को शीघ्र करवाने के लिये सुदर्शन चक्र की ऊर्जा से परिपूर्ण यह स्विच मंत्र अत्यंत लाभकारी सिद्ध होता है। आपके किसी भी कार्य में, चाहे वो सामाजिक क्षेत्र से या आर्थिक क्षेत्र से संबंधित हो या किसी भी विभाग में कोई सरकारी काम हो, तो यह मंत्र उस कार्य में आ रही सभी बाधाओं को दूर करेगा।

यह स्विच मंत्र है :

ॐ सुदर्शनाय हुं फट् स्वाहा

यह भगवान विष्णु के सुदर्शन चक्र अवतार का अत्यंत ही शक्तिशाली मंत्र है। किसी भी अटके हुये कार्य पर जाने से पहले भगवान विष्णु का और सुदर्शन चक्र की ऊर्जा का आवाहन करें और फिर इस मंत्र का जाप करके जायें। आप देखेंगे कि आपका कार्य बहुत जल्दी होने लगा है।

# Switch Mantra - 49

If you have been desiring to buy a piece of land for a long time, be it for building a house or for your work area or for investment; And if you are not able to buy it even after trying hard; then by chanting this switch mantra with full devotion, you will be able to buy it very soon.

The switch mantra is:

**Om Dharnye Namah**

Whenever chanting this mantra, first touch Mother Earth and bow down and pray, "O Mother Earth, give me the benefits of land!" Then chant this mantra as much as possible with full devotion. Whenever you have to go to see the land, chant this switch mantra in the similar way and then go, your work will definitely be accomplished.

# स्विच मंत्र -49

यदि आप बहुत दिनों से कोई भूमि खरीदना चाहते हैं, चाहे वह घर बनाने के लिये हो या अपने कार्य क्षेत्र के लिये या फिर इन्वेस्टमेंट के लिये हो ; और बहुत दिनों के प्रयास के बाद भी खरीद न पा रहे हों, तो इस स्विचमंत्र का पूरे भाव के साथ जाप करने से आप इसे बहुत जल्दी खरीद पायेंगे।

स्विच मंत्र है :

**ॐ धरण्ये नमः**

जब भी इस मंत्र का जाप करें तो पहले धरती मां को छूकर प्रणाम करें और प्रार्थना करें कि, "हे धरती मां, मुझे भूमि का लाभ प्रदान करें !" फिर पूर्ण श्रद्धा के साथ इस मंत्र का यथासंभव जाप करें। जब भी जमीन देखने जाना हो, तो इसी प्रकार से इस स्विचमंत्र का जाप करके जायें, आपका कार्य अवश्य पूरा होगा।

# Switch Mantra-50

This is a very beautiful and effective switch mantra for economic progress and for continuous growth of your wealth. Whenever you have to make a major transaction, such as depositing or withdrawing money from the bank; If you want to give or take money for a deal, then while doing so keep your face towards west and chant this mantra :

**Shreem- Shreem- Shreem**

'Shree' is the beej mantra of Maa Mahalakshmi and it is a very effective mantra for the increase of wealth and prosperity. Whenever you do a cash transaction, you have to say this switch mantra 3 times in your mind:

Shreem- Shreem- Shreem

Shreem- Shreem- Shreem

Shreem- Shreem- Shreem

By doing this continuously, in a short time, you will find a very quick growth in your finances and prosperity and you are living a life full of happiness and abundance

# स्विच मंत्र -50

आर्थिक प्रगति के लिये, निरंतर धन वृद्धि के लिये, यह एक अत्यंत ही सुंदर और प्रभावशाली स्विच मंत्र है।

जब भी आपको कोई बड़ा लेनदेन करना हो, जैसे कि बैंक में पैसा जमा कराना हो या निकलवाना हो; किसी डील के लिये पैसा देना हो या लेना हो, तो ऐसा करते समय अपना चेहरा पश्चिम दिशा की ओर रखते हुए निम्न मंत्र का जाप करें।

यह स्विच मंत्र है :

**श्रीं श्रीं श्रीं**

'श्रीं' मां महालक्ष्मी का बीज मंत्र है और यह धन- समृद्धि की वृद्धि के लिये अत्यंत ही प्रभावशाली मंत्र है। जब भी आप कैश का लेनदेन करें, तो आपको मन ही मन 3 बार बोलना है :

श्रीं श्रीं श्रीं

श्रीं श्रीं श्रीं

श्रीं श्रीं श्रीं

निरंतर ऐसा करने से कुछ ही समय में आप पायेंगे कि आपकी शीघ्र आर्थिक प्रगति हो रही है और जीवन में समृद्धि आ रही है।

# Switch Mantra 51

**Switch mantra for victory in court cases, litigation and for success in administrative work**

- When you can't find any way out, and you are surrounded by problems from all directions.
- There is an ongoing 'court case', where there seems no solutions or positive outcome.
- Are always surrounded by 'office politics'
- Not getting success in 'administrative work',

In all these above situations, the following switch mantra works very effectively:

**Om Trivikramaya Namah**

The word 'Trivikram' is used for 'Vaman Avatar', the fifth incarnation of Lord Vishnu, who conquered all the three worlds in three steps. The word "Trivikram" means "three steps," which refers to the three steps of Lord Vishnu, symbolizing his power over the universe. The one who is beyond heaven, hell and earth is called Trivikram. The one who has conquered all three of his Satva, Rajas and Tamas gunas is Trivikram.

This mantra is believed to invoke the blessings and protection of Lord Vishnu, and is often chanted for spiritual and material growth, success in all endeavors and for inner peace. This mantra removes obstacles in life and attracts victory and good fortune.

# स्विच मंत्र 51

## कोर्ट-कचहरी, मुकद्दमे में विजय प्राप्ति और प्रशासनिक कार्यों में सफलता के लिये स्विच मंत्र

- जब आपको कोई मार्ग न दिखाई दे रहा हो, चारों ओर से परेशानी से घिरे हों
- कोई 'कोर्ट केस' चल रहा हो, जहां से निकलने का या विजय का कोई रास्ता ना दिख रहा हो
- 'ऑफिस पॉलिटिक्स' में घिरे हों
- 'प्रशासनिक काम' में सफलता न मिल रही हो,

तो इन सब स्थितियों में निम्नलिखित स्विच मंत्र अत्यंत ही प्रभावशाली रूप से कार्य करता है :

## ॐ त्रिविक्रमाय नमः

'त्रिविक्रम' शब्द का प्रयोग भगवान विष्णु के पांचवें अवतार 'वामन अवतार' के लिए किया जाता है, जिन्होंने तीन पग में तीनों लोकों पर विजय प्राप्त की थी। "त्रिविक्रम" शब्द का अर्थ "तीन कदम" है, जो भगवान विष्णु के तीन कदमों को संदर्भित करता है, जो ब्रह्मांड पर उनकी शक्ति का प्रतीक है।

जो स्वर्ग, नर्क और पृथ्वी तीनों से परे होता है, उसे त्रिविक्रम कहा जाता है। जिसने अपने सत्व, रज और तमस तीनों ही को जीत लिया है, वह त्रिविक्रम है।

माना जाता है कि यह मंत्र भगवान विष्णु के आशीर्वाद और सुरक्षा का आह्वान करता है, और प्रायः आध्यात्मिक और भौतिक समृद्धि, सभी प्रयासों में सफलता और आंतरिक शांति के लिए इसका जाप किया जाता है। जीवन में बाधाओं को दूर कर यह मंत्र विजय और सौभाग्य को आकर्षित करता है।

# Switch Mantra 52

**Mantra that gives results of all four Purushartha.**

This mantra of Switch Mantra Series is a very powerful mantra of Heramb swaroop of Lord Ganesha. Heramb Ganapati, with five heads and ten arms, bestows relief from all troubles, tribulations, diseases, enemies and all kinds of difficulties; protects wealth and prosperity; provides knowledge, wisdom and courage. Chanting His mantra brings balance and stability in life and brings growth and progress in all areas of life. Chanting His mantras gives results very quickly.

The Heramb Ganpati Ji Switch Mantra included in the Switch Mantra Series is as follows:

**Om Goom Namah**

This is a mantra of four letters, which bestows man with the results of all four purushartha - Dharma, Artha, Kama and Moksha, with each of its letters. By chanting this Switch Mantra one attains the four purusharthas of Dharma (righteousness, moral values), Artha (prosperity, economic values), Kama (happiness, love, psychological values) and Moksha (liberation, spiritual values).

One should pray to Heramb Ganapati to get blessings for success, victory, courage and protection. It is believed that this mantra blesses one with strength and courage needed to overcome any obstacle or challenges in life.

# स्विच मंत्र 52

## चारों पुरुषार्थ का फल प्रदान करने वाला मंत्र

स्विच मंत्र सीरीज का यह मंत्र भगवान गणेश के हेरम्ब स्वरूप का अत्यन्त शक्तिशाली मंत्र है। पांच सिर और दस भुजाओं वाले हेरम्ब गणपति सभी कष्टों, क्लेशों, रोगों, शत्रुओं और हर तरह की परेशानियों से छुटकारा दिलाते हैं; धन-समृद्धि की रक्षा करते हैं; विद्या-बुद्धि, साहस प्रदान करने वाले हैं। इन के मंत्र के जाप से जीवन में संतुलन व स्थिरता आती है और जीवन के हर क्षेत्र में उन्नति व प्रगति मिलती है। इनकी मंत्र साधना बहुत शीघ्र फलदायी होती है।

स्विच मंत्र सीरीज में शामिल किया गया हेरम्ब गणपति जी स्विच मंत्र इस प्रकार है :

### ॐ गूं नमः

ये चार अक्षर का मंत्र हैं, जो मनुष्य को अपने प्रत्येक अक्षर से धर्म, अर्थ, काम और मोक्ष-चारों पुरुषार्थों का फल प्रदान करता है। इस स्विच मंत्र के जाप से धर्म (धार्मिकता, नैतिक मूल्य), अर्थ (समृद्धि, आर्थिक मूल्य), काम (खुशी, प्रेम, मनोवैज्ञानिक मूल्य) और मोक्ष (मुक्ति, आध्यात्मिक मूल्य) - इन चारों पुरुषार्थों की प्राप्ति होती है।

सफलता, विजय, साहस और सुरक्षा के लिये आशीर्वाद पाने के लिए हेरम्ब गणपति से प्रार्थना करनी चाहिये। ऐसा माना जाता है कि वे जीवन में किसी भी बाधा या चुनौती को दूर करने के लिए आवश्यक शक्ति और साहस प्रदान करते हैं।

# Switch Mantra 53

**A very powerful Switch Mantra for Leaders, Actors, Speakers and Social Influencers**

This is the special mantra of Lord Hanuman ji in the form of attraction beej. This mantra makes your personality and your speech very attractive and impressive.

Switch mantra 53 is as follows:

Om Namo Bhagwate Vayunandanay

Chanting this mantra invokes the divine energy of Lord Hanumanji and bestows his blessings, protection, and strength. Chanting this mantra increases qualities like self-confidence, courage, determination, fearlessness, etc. and it creates magnetic attraction in your aura and makes your personality very attractive and impressive.

**Specific uses of Switch Mantra 53**

- For this ritual, take some marigold flowers and dry them, once thoroughly dried, crushed them to fine powder.
- Place this powder in front of Lord Hanuman ji and light a ghee lamp.
- Switch Mantra- Chant 53, for 108 times.
- Now, very gently blow over the powder.
- In this way, the powder will be energized and blessed with the divine energy of this powerful mantra.

- Now you can use this powder as a tilak. Applying Tilak of this powder makes the aura attractive and creates a hypnotic effect on personality and speech.

- While leaving the house, applying this powder as a tilak and reciting this mantra 21 times, you will succeed in any speech, communication, presentation, business meetings and interviews, etc. and people completely impressed by you.

This switch mantra and this special ritual related to it can prove to be very useful and beneficial for all the leaders, actors, speakers, high officials, and social influencers working in big organizations.

# स्विच मंत्र 53

## नेता, अभिनेता, वक्ता और सोशल इन्फ्लुएंसर के लिए स्विच मंत्र

यह आकर्षण बीज के रूप में भगवान हनुमान जी का विशेष मंत्र है। यह मंत्र आपके व्यक्तित्व को और आपकी वाणी को आकर्षक व प्रभावशाली बनाता है।

स्विच मंत्र 53 इस प्रकार है:

### ॐ नमो भगवते वायुनंदनाय

इस मंत्र के जाप से भगवान हनुमान की दिव्य ऊर्जा का आह्वान होता है और उन का आशीर्वाद, सुरक्षा और शक्ति प्राप्त होती है। इस मंत्र के जाप से आत्मविश्वास, साहस, दृढ़ संकल्प और निर्भयता आदि गुणों में वृद्धि होती है और यह आप के आभामंडल में चुंबकीय आकर्षण पैदा कर आपके व्यक्तित्व को अत्यंत आकर्षक व प्रभावशाली बनाता है।

## स्विच मंत्र 53 का विशिष्ट प्रयोग

- इस प्रयोग के लिये थोड़े से गेंदे के फूल लें और उन्हें सुखा कर, उनका पाउडर बना लें।
- इस पाउडर को भगवान हनुमान जी के सामने रखें और घी का दीपक जलायें।
- स्विच मंत्र- 53 का 108 बार जाप करें।
- अब पाउडर पर हल्के से फूंक दें।
- इस प्रकार से यह पाउडर इस शक्तिशाली मंत्र की दिव्य ऊर्जा से अभिमंत्रित हो जायेगा।
- अब आप इस पाउडर का तिलक के रूप में प्रयोग कर सकते हैं। इस पाउडर का तिलक करने से आभामंडल आकर्षक बनता है और व्यक्तित्व व वाणी मे सम्मोहक प्रभाव उत्पन्न होता है।
- घर से निकलते समय इस पाउडर का तिलक करके और 21 बार इस मन्त्र को बोल कर निकलने से किसी भी भाषण, संभाषण, वक्तव्य, व्यापारिक मीटिंग व इंटरव्यू आदि में सफलता मिलती है और लोग आपसे प्रभावित होते हैं।

सभी नेताओं, अभिनेताओं, वक्ताओं, बड़े संगठनों में काम कर रहे उच्च अधिकारियों और सोशल इन्फ्लुएंसर्स के लिए यह स्विच मंत्र और इस से जुड़ा यह विशेष प्रयोग अत्यंत ही उपयोगी और लाभ कारी सिद्ध हो सकता है।

# PARAMATMA SWITCH MANTRA

"

EMBRACE THE DIVINE ENERGY OF THE PARMATMA SWITCH AND PAVE THE PATH TO TRANSCENDENCE AND ULTIMATE FULFILLMENT.

# Parmatma Mantra

We are concluding the Switch Mantra Workshop with some of the most divine mantras, which we can call 'Parmatma Mantras'. 'Parmatma Mantras' are those divine and sacred mantras that integrate the Shad gunas (6 qualities) of Divine: knowledge, power, strength, purushaarth, opulence and radiance. Whenever you chant these mantras, you find that divine spirit rising within you.

Paramatma mantras work as steps to attain the Supreme Brahman. These five mantras are considered to be Pramatma Mantras -

- **Om -** It is also called Pranav.
- **Soham**
- **Om Vishnave Namah**
- **Om Namo Nārāyanāya**
- **Om Namo Bhagwate Vāsudevāya**

Nothing in the world is incurable, unachievable by chanting these mantras. That is why they are considered as "Mahamantras".

# परमात्म मंत्र

स्विच मंत्र वर्कशॉप का समापन हम कुछ अत्यंत दिव्य मंत्रों के साथ कर रहे हैं, जिन्हें हम "परमात्म मंत्र" कह सकते हैं। "परमात्म मंत्र" वे दिव्य और पावन मंत्र हैं, जिन में परमात्मा के षड्गुण (6 गुण) - ज्ञान, शक्ति, बल, वीर्य, ऐश्वर्य एवं तेज समन्वित रहते हैं। इन मंत्रों का जाप आप जब कभी भी करते हैं, आप अपने अंदर उस परमात्म भाव को उदय होता हुआ पाते हैं।

परमात्म मंत्र परम ब्रह्म को प्राप्त करने के लिए सीढ़ी के रूप में काम करते हैं। परमात्म मंत्र पांच माने गये हैं -

- ॐ - इसे प्रणव भी कहा जाता है।
- सोहम्
- ॐ विष्णवे नमः
- ॐ नमो नारायणाय.
- ॐ नमो भगवते वासुदेवाय

संसार में इन मंत्रों के जाप से कुछ भी असाध्य नहीं है। इसलिए इन्हें "महामंत्र" माना गया है।

As you close the pages of "Switch Mantra", remember that the power to transform your life lies within you. The knowledge and wisdom of "Switch Mantra" empowers you to live your best life and become the best version of yourself.

From our hearts to yours, we hope that "Switch Mantra" will serve as a valuable resource on the journey of self-discovery and spiritual growth.

"Switch Mantra" is more than just a book - it's a transformative tool that can help you create the life of your dreams.

Whether you're a beginner or an experienced practitioner, "Switch Mantra" provides the tools you need to harness the power of sound vibrations and achieve your goals.

Get ready to elevate your mind, body, and spirit with the unique power of "Switch Mantras"

www.ingramcontent.com/pod-product-compliance
Lightning Source LLC
LaVergne TN
LVHW061548070526
838199LV00077B/6949
* 9 7 8 9 3 5 6 6 8 1 2 1 7 *